Hallwag
Taschenbuch

145

Hobby

Leichtathletik

Technik, Training, Rekorde

Ernst Strähl

Hallwag Verlag
Bern und Stuttgart

Umschlagfoto: Start zu einem 100-m-Lauf
von Erich Baumann

Fotos:
Tony Duffy: S. 7, 12, 16, 48 u. 95;
Walter Kammermann: S. 44; Keystone: S. 33;
Hugo Lörtscher: S. 11;
Beat Marti: S. 5, 9; Horst Müller: S. 75;
Pressebildagentur Werek: S. 48 o.

Strichzeichnungen:
Gerold Guggenbühl

Bildreihen:
Uli Schierle und Ernst Strähl (Jugendliche)

Toni Nett und Helmar
Hommel (Spitzenathleten)

Herstellung: Hallwag AG, Bern
ISBN 3 444 50160 9

Inhalt

5 Leichtathletik – ein Sport für Sie?
6 Was es braucht, um Leichtathletik zu treiben
8 Das Geheimnis des Trainings: Belastung und Anpassung
10 Die Konditionsfaktoren – «Bausteine» der Leistungsfähigkeit
13 Aufbau und Gestaltung des Trainings
17 Der Start
24 Der Sprint
32 Der Mittel- und Langstreckenlauf
37 Der Hürdenlauf
45 Der Staffellauf
49 Der Weitsprung
61 Der Dreisprung
64 Der Hochsprung
74 Der Stabhochsprung
78 Der Kugelstoß
86 Der Diskuswurf
94 Der Speerwurf
104 Der Hammerwurf
108 Rahmentrainingsplan für das Grundlagentraining
112 Leichtathletik-Weltrekorde
114 Leichtathletik-Europarekorde
115 Weltrekordentwicklung und Olympiasieger

Ernst Strähl wurde 1944 geboren. Er ist Leiter des Trainerlehrganges des Nationalen Komitees für Elitesport (NKES) und Chefsportlehrer an der Eidgenössischen Turn- und Sportschule Magglingen. Er studierte an der Universität Basel Sport, Germanistik und Geschichte. Als Zehnkämpfer bestritt er mehrere Länderkämpfe. Von 1972 bis 1976 war er Nationaltrainer und Chefcoach des Schweizerischen Leichtathletik-Verbandes, von 1970 bis 1978 Fachleiter Leichtathletik für «Jugend und Sport» in Magglingen.

Leichtathletik — ein Sport für Sie?

Laufen, Springen und Werfen sind die natürlichsten und ältesten Bewegungsformen des Menschen. Diese einfachen Bewegungsabläufe bilden auch die Grundlagen der modernen Leichtathletik.
Die Leichtathletik gehört zu den ältesten Sportarten: Sie wurde schon vor 2500 und mehr Jahren ausgeübt. Dennoch hat sie bis heute an Aktualität und Attraktivität nichts eingebüßt. Sie ist als Basissportart nach wie vor das Kernstück der Olympischen Spiele. «Schneller, höher, weiter» lautet die Devise. Wo liegen die menschlichen Leistungsgrenzen?
In der Leichtathletik können menschliche Fähigkeiten und Fertigkeiten in ihrer ganzen Vielfalt entwickelt werden. Stoppuhr und Meßband sind objektive Leistungsmesser: unbestechlich und fair, wie es leistungsorientierte Sportler suchen. Und mit den Leistungsfortschritten wächst auch die Freude.

Henry Rono (Kenia) und Markus Ryffel (Schweiz) — zwei Weltklasseläufer freuen sich über ihre Leistung.

Leichtathletik ist der Sport der Individualisten. Beharrlich verfolgt der Wettkämpfer die Ziele, die er sich selbst setzt, frei und unabhängig. Der Gemeinschaftssinn kommt in der Trainingsgruppe, bei Vereins- und Staffelwettkämpfen zum Ausdruck.
Die Leichtathletik kennt kaum Altersgrenzen und kann ohne große Aufwendungen als Leistungs- oder Freizeitsport ausgeübt werden. Sie bietet die Möglichkeit, auf natürliche und ungezwungene Art Sport zu treiben.
Leichtathletik macht Spaß, ist vielseitig und attraktiv — ein Sport für Sie!

Was es braucht, um Leichtathletik zu treiben

Sie können im Wald laufen, auf der Wiese über Zäune springen und am Strand Steine werfen: Leichtathletik kann überall und zu jeder Zeit ausgeübt werden. Von der Grundausrüstung her gesehen ist die Leichtathletik wohl die einfachste und billigste aller Sportarten. Beachten Sie bei der Beschaffung einer Ausrüstung die folgenden Tips und lassen Sie sich durch einen Fachmann (Sportlehrer, Trainer, Sportartikelhändler) beraten.

Tips für die Grundausrüstung

Der *Trainingsanzug* soll angenehm zu tragen sein und den Körper warm halten. Zweckmäßigkeit kommt vor Schönheit! Achten Sie speziell darauf, daß der Stoff des Trainingsanzuges und der Leibwäsche den Schweiß aufsaugt. Vor Wind und Nässe schützt ein *Regenanzug,* der auch dann die vollständige Bewegungsfreiheit erlauben muß, wenn er über dem Trainingsanzug getragen wird.
Wählen Sie *Trainingsschuhe* mit einem guten (anatomischen) Fußbett und einer soliden Fersenkappe. Die flexible Sohle sollte ein rutschsicheres Profil aufweisen, die Ferse muß zur Entlastung der Achillessehne leicht erhöht sein (Fersenkeil). Denken Sie daran, daß sich Sportschuhe, je nach Beschaffenheit (Le-

Sara Simeoni (Italien)

der, Nylon), etwas ausweiten oder auch verkleinern können – eine fachmännische Beratung ist in dieser Frage unumgänglich. In jedem Fall sollten in gut sitzenden Schuhen die Zehenspitzen 3–4 mm Freiraum bis zur Schuhspitze haben. *Socken* aus einem schweißaufnehmenden Material schonen die Füße, sind hygienisch und angenehm zu tragen. Wenn *Rennschuhe* (Spikes) vor allem für das Training gebraucht werden, so sollten sie die gleichen Qualitätsmerkmale (Fußbett, Fersenkappe und -keil) wie die Trainingsschuhe aufweisen.

Die Wettkampfausrüstung

Hemd und Turnhose (Shorts) – bequem zu tragen und ohne Bewegungseinschränkung;

Rennschuhe (Spikes) – eng anliegend und möglichst mit auswechselbaren Dornen;

für Fortgeschrittene – Spezialschuhe für Sprung- und Wurfdisziplinen.

Die Vielzahl der guten Markenartikel erlaubt eine individuelle Wahl der Wettkampfausrüstung unter den verschiedensten Gesichtspunkten. Merken Sie sich jedoch: Tragen Sie Kleider und Schuhe nicht am Wettkampftag zum erstenmal — Sie vermeiden damit unangenehme Überraschungen!

Wo kann man Leichtathletik treiben?
Die Grundlage der Leichtathletik können Sie sich mit Hilfe dieses Taschenbuches selbständig aneignen. Wenn Sie von der Leichtathletik «gepackt» wurden, schließen Sie sich am besten einem Verein an. In der Trainingsgruppe finden Sie Sportler mit gleichen Neigungen und Zielen, die von erfahrenen Übungsleitern beraten und betreut werden. Außerdem stehen Anlagen und Material zu Ihrer Verfügung.
Der Verein bietet viele Vorteile — erkundigen Sie sich nach der nächstliegenden Möglichkeit!

Das Geheimnis des Trainings: Belastung und Anpassung

Sie kennen den Muskelkater als schmerzhafte Folge einer ungewohnten körperlichen Anstrengung. Aus Erfahrung wissen Sie, daß schon nach einer kurzen Zeit des Übens dieselbe Belastung problemlos ausgeführt werden kann. Was ist geschehen?
Der Organismus stellt sich auf die Belastung ein, paßt sich an und erreicht einen verbesserten Trainingszustand.
Die Leistungsfähigkeit läßt sich weiter steigern, wenn immer wieder andersartige und höhere Trainingsbelastungen als Reize, wie der Biologe sagt, auf den Organismus wirken. Im Sport geschieht dies durch eine *stufenförmige Steigerung* der Trainingsreize, wobei eine Belastungserhöhung nicht zu groß auf einmal sein darf.
Merken Sie sich: *Gleichbleibende Belastung bedeutet gleichbleibende Leistungsfähigkeit!*

James Robinson (USA) und Alberto Juantorena (Kuba)

Grundsätzlich gibt es zwei Möglichkeiten, die körperliche Belastung zu erhöhen: 1. die Steigerung der Wiederholungszahl bzw. der Zeitdauer – zuammengefaßt im Begriff *Trainingsumfang;* 2. die Erhöhung des Kraft- oder Schnelligkeitsaufwandes – man spricht hier vom «Einsatz» oder von der *Trainingsintensität.*

Merken Sie sich: Eine hohe Trainingsintensität verhindert einen hohen Trainingsumfang. Dazu ein Beispiel: Je schneller Sie laufen, desto weniger lang halten Sie durch. Auch für den Jahresplan und für den langfristigen Trainingsaufbau gilt der Grundsatz: *Umfang kommt vor Intensität!*

Tips für das Training

- Trainieren Sie regelmäßig und mehrmals pro Woche
- Trainieren Sie das ganze Jahr über, bei jedem Wetter
- Ernähren Sie sich gesund, schlafen Sie viel und verzichten Sie auf Genußgifte wie Alkohol und Nikotin

Wie kann die Kondition gezielt verbessert werden?
In jedem Training richtet sich der Organismus nach dem Prinzip von «Angebot und Nachfrage». Was heißt das? Die «Nachfrage» (der Trainingsreiz) bestimmt das «Angebot» (die Anpassungsvorgänge). Mit anderen Worten: Nur das, was man vom Körper fordert, wird gefördert! Das bedeutet also:
- Eine lange Übungsdauer «macht ausdauernd»
- Die Überwindung von größeren Widerständen «macht stark»
- Ein gesteigertes Übungstempo «macht schnell»

In der Leichtathletik hängt die Leistung in den einzelnen Disziplinen oft direkt von einem der folgenden Konditionsfaktoren ab: *Ausdauer* als Schwerpunkt in den Mittel- und Langstreckenläufen; *Kraft* als Voraussetzung in den Sprüngen und Würfen; *Schnelligkeit* als wichtigster Faktor im Sprint und bei den Hürdenläufen.

Die Konditionsfaktoren — «Bausteine» der Leistungsfähigkeit

1. **Ausdauer** ist die Widerstandsfähigkeit des Organismus gegen Ermüdung bei lang andauernden Belastungen. In der Leichtathletik kann man folgende Formen unterscheiden: *Langzeitausdauer* (Läufe von mehr als 8 Min. Dauer), *Mittelzeitausdauer* (Läufe zwischen 2 und 8 Min.), *Kurzzeitausdauer* (Läufe von 45 Sek. bis 2 Min.) Die Kurzzeitausdauer wird auch als Stehvermögen oder Schnelligkeitsausdauer bezeichnet. *Eine gute Langzeitausdauer ist die Basis für das gesamte Training.*

2. **Kraft** ist die körperliche Fähigkeit, einen Widerstand zu überwinden und dabei ein Gerät oder den eigenen Körper fortzubewegen. Bei kurzen und explosiven Krafteinsätzen spricht man von *Schnellkraft* (die von der Maximalkraft abhängig ist), bei Kraftleistungen über eine längere Zeitspanne von *Kraftausdauer* (Zusammenwirken von Kraft und Ausdauer).

Sportliche Leistung
4. Beweglichkeit
5. Gewandtheit
2. Kraft
3. Schnelligkeit
1. Ausdauer

Udo Beyer (DDR)

3. Schnelligkeit wird in der Leichtathletik unterteilt in: *Reaktionsschnelligkeit* als Fähigkeit, auf ein Signal hin (Startschuß) möglichst schnell mit einer Bewegung zu reagieren; *Bewegungsschnelligkeit* als Fähigkeit, Einzelbewegungen (azyklische Bewegungen) möglichst schnell auszuführen; *Fortbewegungsschnelligkeit* als Fähigkeit, sich mit höchstmöglicher Geschwindigkeit fortzubewegen (zyklische Bewegungsfolge).

4. Beweglichkeit (Gelenkigkeit) ist die Fähigkeit, Bewegungen leicht und mit der größtmöglichen Bewegungsweite auszuführen.

5. Gewandtheit ist die Fähigkeit, schwierige Bewegungsabläufe rasch zu erlernen und zweckmäßig auszuführen. Gewandtheit und Koordinationsvermögen sind die Grundlagen für das Erlernen der sportlichen Technik.

Aufbau und Gestaltung des Trainings

1. Das Grundlagentraining bildet den ersten Abschnitt des Trainingsaufbaus, der in der Leichtathletik im Alter von 10 bis 12 Jahren einsetzen kann und 3 bis 5 Jahre dauern soll. Erstes Ziel ist die umfassende und planmäßige Ausbildung der konditionellen Fähigkeiten, zweites Ziel eine vielseitige Gewandtheitsschulung und das Erlernen der technischen Grobform. Anfänger richten sich nach dem auf den Seiten 108 bis 111 aufgeführten *Rahmentrainingsplan.*

2. Das Aufbautraining dient dem zielgerichteten Leistungsaufbau und dauert ebenfalls 3 bis 5 Jahre. Das Training bleibt vielseitig. In der technischen Schulung wird die Feinform angestrebt.

3. Das Hochleistungstraining baut auf den vorangegangenen Trainingsabschnitten auf und hat die persönliche Bestleistung zum Ziel. Höchstleistungen in Einzeldisziplinen werden fast ausschließlich von Sportlern mit einer *vielseitigen athletischen Ausbildung* erzielt.

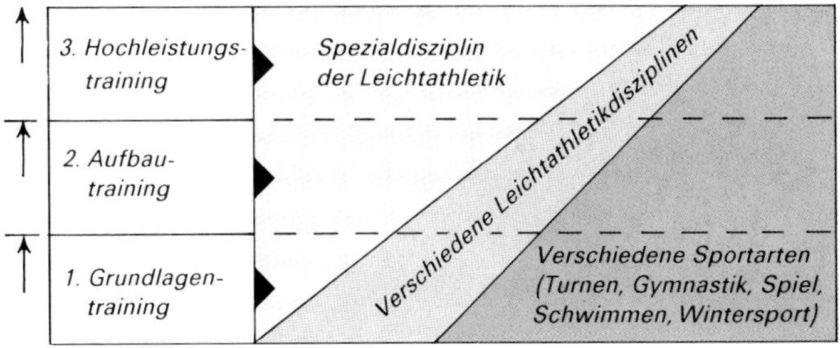

Das Krafttraining

Alle Übungen der Leichtathletik benötigen ein mehr oder weniger großes Maß und verschiedene Arten von Kraft. Im Laufe des Trainings werden Sie feststellen, daß nicht nur das Wettkampfergebnis, sondern oft auch eine gute Technik von der Kraft abhängig ist. Nicht von ungefähr heißt es: Die Kraft ist die Zwillingsschwester der Technik!

Tips für das Krafttraining
- Kraftübungen sollen einfach, zweckmäßig und ungefährlich sein (Übungsformen finden Sie bei den einzelnen Disziplinen)
- Führen Sie zuerst jede Übung ohne Fremdbelastung korrekt aus

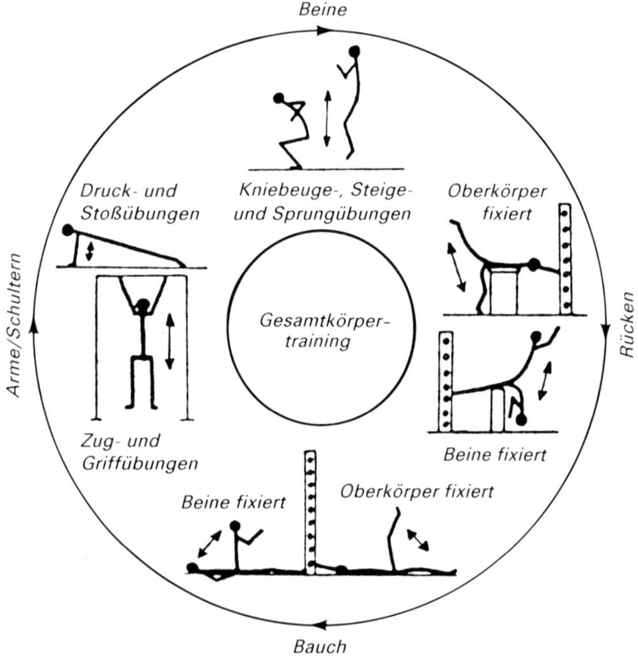

- Steigern Sie die Belastung langsam und stufenweise
- Jugendliche und Anfänger trainieren vielseitig, mit dem eigenen Körpergewicht oder mit leichten Zusatzgewichten wie Medizinball, Sandsack, Kugelhantel usw.
- Vermeiden Sie unkontrollierte oder ruckartige Bewegungen
- Achten Sie stets auf die gerade Wirbelsäule und eine angespannte Rücken- und Gesäßmuskulatur
- Verbessern Sie parallel zur Kraft auch die Dehnfähigkeit der Muskulatur, die Beweglichkeit und die Gewandtheit.

Das Circuittraining (Kreistraining)
Das Prinzip der Vielseitigkeit des Trainings (vgl. Seite 13) und die Verschiedenartigkeit der Disziplinen verlangt eine Beanspruchung aller Körperpartien. Eine bewährte Methode des Gesamtkörpertrainings ist das Circuittraining, in dem alle Muskelgruppen im Wechsel belastet werden. Das Herz-Kreislauf-System wird bei verlängerter Arbeits- und verkürzter Ruhezeit mittrainiert.

Einlaufen, Auslaufen, Körperpflege
Das *Einlaufen* (Aufwärmen) bereitet den Körper auf die Belastung vor: Der Organismus stellt sich von Ruhe auf Arbeit um. Eine zweckmäßige Kleidung begünstigt die Erwärmung und beugt Verletzungen vor.
Tips für das Einlaufen
- Laufen Sie sich gut ein (Beispiel: ruhiges Traben über 600 bis 800 m) und lassen Sie sich dabei nicht ablenken
- Beginnen Sie Ihr Gymnastikprogramm mit Lockerungs- und Beweglichkeitsübungen

Das *Auslaufen* darf nach dem Training oder Wettkampf nie fehlen. Entspanntes Traben (am besten auf dem Rasen) und verschiedene Lockerungsübungen beruhigen den Organismus und beschleunigen den Erholungsvorgang. An den Schluß gehören in jedem Fall eine gründliche *Dusche* und eine sorgfältige *Körperpflege*.

Irena Szewinska (Polen) und Marita Koch (DDR)

Der Start

Wer hat den Tiefstart erfunden?
Kaum eine Technik in der Leichtathletik läßt so viele Möglichkeiten offen wie der Start. An den Wettkämpfen der Antike starteten die Athleten aus einer aufrechten Körperstellung (Hochstart), die Füße auf querlaufende Startschwellen aufgesetzt. Gegen Ende des letzten Jahrhunderts wurde die Starttechnik verfeinert: «Erfinder» des Tiefstarts soll der Schotte Bobby Macdonald (1884) oder der Amerikaner Charles Sherill (1888) gewesen sein. Sicher ist, daß Thomas Burke (USA) im Jahre 1896, an den ersten Olympischen Spielen der Neuzeit, den Tiefstart anwandte – und den 100-m-Lauf gewann (siehe Bild S. 20). Der «verrückte Start auf allen vieren» setzte sich von da an weltweit durch.
Der Start ist in der Leichtathletik schärfer reglementiert als jede andere Disziplin. Überall sonst scheidet ein Wettkämpfer nach drei Fehlversuchen aus, beim Start schon nach zwei. So kommt es auch an bedeutenden Wettkämpfen immer wieder vor, daß ein Sprinter seine Nerven nicht zügeln kann und nach zwei Fehlstarts disqualifiziert wird.
Schon seit je wurde das vorzeitige Weglaufen hart bestraft: An den Wettkämpfen der Antike erhielt der Sünder Stockschläge, von 1896 bis in die Mitte unseres Jahrhunderts setzte man den Fehlbaren hinter die Startlinie zurück. Der spätere Olympiasieger von 1904, Archie Hahn (USA), bewegte sich beim Start zum 200-m-Endlauf so stark, daß alle seine Gegner an einen Fehlstart glaubten, wegliefen und zur Strafe um ein Yard zurückversetzt wurden. So konnte der amerikanische Sprinter das Rennen mit einem Vorsprung von einem Yard aufnehmen und in 21,6 Sekunden gewinnen. Ein weiteres Kuriosum ist die Tatsache, daß bis zu diesen Olympischen Spielen die Zeiten der Läufer hinter dem Sieger nicht gestoppt, sondern nur geschätzt wurden! Die moderne Technik läßt solche Ungerechtigkeiten und Ungenauigkeiten nicht mehr zu: An großen Wettkämpfen sorgt die elektronische Fehlstartanzeige für gleiche Voraussetzungen beim Kampf um Sekundenbruchteile.

Die Technik eines 17jährigen Schülers

«Auf die Plätze!»

Die Arme werden schulterbreit, gestreckt und auf den Fingern aufgesetzt (Daumen und Zeigefinger entlang der Startlinie).
Der Körper ruht entspannt auf den Armen und dem hinteren Knie.
Der Kopf bildet die Verlängerung der Wirbelsäule.

«Fertig!»

Das Becken wird über Schulterhöhe angehoben.
Das Körpergewicht lastet gleichmäßig auf den vier Stützpunkten.

Der erste Schritt

Das Startbein wird explosiv und vollständig gestreckt, das hintere Bein zieht aktiv und flach nach vorne.
Die Arme unterstützen die Vorwärtsbewegung.
Der Oberkörper bleibt in starker Vorlage.
Der Fuß des Schwungbeines setzt nach dem ersten Schritt auf dem Fußballen und deutlich vor der Startlinie auf.

Die Füße liegen flach auf den Startblöcken und berühren den Boden.
Der Blick wird knapp vor die Startlinie gerichtet.
«Los!»
Der hintere Fuß drückt kurz vom Block ab; die aktive Streckung des (vorderen) Startbeins beginnt, wenn das Knie des hinteren Beines das vordere überholt.
Die Arme lösen sich vom Boden und schwingen sofort gegengleich in Laufrichtung.

Der zweite Schritt
Aus der Stützphase zieht das gebeugte Bein raumgreifend nach vorne, das Abdruckbein streckt sich.
Die Arme schwingen gegengleich in Laufrichtung.
Die Körpervorlage wird möglichst beibehalten.

Thomas Burke (USA), zweiter von links, wendet zum erstenmal den Tiefstart an und gewinnt den 100-m-Lauf an den Olympischen Spielen von 1896 in Athen.

Die wichtigsten Wettkampfbestimmungen

Bei allen Kurzstrecken- und Hürdenläufen bis einschließlich 400 m lautet das Startkommando «Auf die Plätze! – Fertig! – Los! (Schuß)», bei allen längeren Läufen nur «Auf die Plätze! – Los! (Schuß)».

Der Startschuß wird erst abgegeben, wenn alle Läufer ihre endgültige Startstellung eingenommen haben und sich nicht mehr bewegen.

Wer sich vor dem Startschuß bewegt, begeht einen Fehlstart und wird im Wiederholungsfalle disqualifiziert; in einem Mehrkampf erfolgt der Ausschluß nach drei Fehlstarts.

Fragen zur Technik

Wie werden die Startblöcke eingestellt?

In der Praxis hat sich die «mittelweite» Startstellung bewährt,

α *Neigungswinkel vorderer Block: 45 bis 55°*
β *Neigungswinkel hinterer Block: 70 bis 80°*
1 Distanz Startlinie/vorderer Block: $1^3/_4$ bis 2 Fußlängen
2 Distanz vorderer/hinterer Block: 1 bis $1^1/_2$ Fußlänge

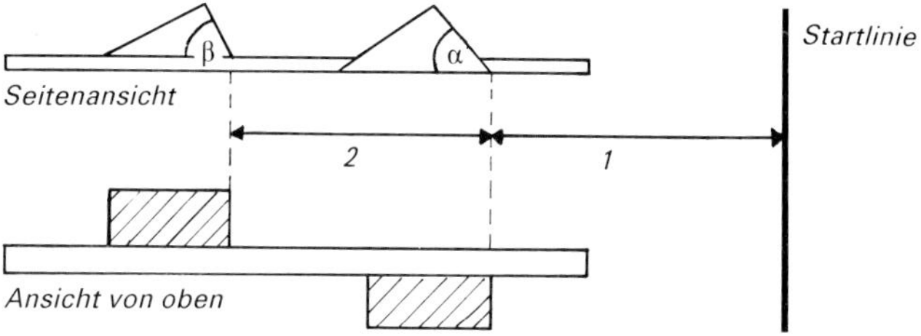

von der aus individuelle Anpassungen vorgenommen werden können (je nach Kraft und Hebelverhältnissen).

Welches Bein ist beim Start vorne, welches hinten?
In der Regel ist das kräftigere Bein (das Sprungbein) vorne. Da es den Hauptkraftstoß ausführt und die Beschleunigung bestimmt, wird es auch als Startbein bezeichnet.

So lernt man den Tiefstart
Fallstart aus aufrechter Körperhaltung
Füße nebeneinander, Arme entspannt: sich nach vorn fallen lassen und – ohne Hüftknick – mit kräftigem Bein- und Armeinsatz weglaufen.

Hochstart aus der Schrittstellung
Startbein (Sprungbein) vorne, das hintere Bein ein bis zwei Fußlängen zurück: Weglaufen ohne Kommando; allmählich wird der Oberkörper stärker vorgeneigt und der hintere Fuß zwei bis drei Fußlängen zurückversetzt, während das vordere Bein eine «Druckbeuge» von ca. 90° einnimmt. Diese Stellung entspricht der *«Fertig»-Stellung des Hochstarts,* wie sie im Mittel- und Langstreckenlauf sowie bei den Ablösungen im Staffellauf eingenommen wird.

Fallstart — *Hochstart aus der Schrittstellung* — *Einarmige «Fertig»-Stellung (im Wettkampf nicht erlaubt)*

Einarmige «Fertig»-Stellung
In der «Fertig»-Stellung des Hochstarts mit dem Arm auf der Seite des hinteren Beines den Boden berühren, mit starker Vorlage und betontem asymmetrischen Armeinsatz weglaufen; mit und ohne Startkommando.

Start aus Beinwechselhüpfen im Liegestütz
Arme und Hände wie beim Tiefstart, nach mehrmaligem Beinwechsel weglaufen, sobald das Startbein (in der Regel das Sprungbein) vorne ist.

Start aus Vorschritt-Kauerstellung
Beginn in aufrechter Körperhaltung, vorderer Fuß ungefähr zwei Fußlängen hinter einer Linie, hinterer Fuß eine weitere Fußlänge zurück: Auf «Fertig» die Arme hinter der Linie aufstützen und weglaufen; mit und ohne Startkommando.

Start aus Beinwechselhüpfen im Liegestütz — *Start aus Vorschritt-Kauerstellung*

Tiefstart aus den Startblöcken
Ausführung der Technik, wie sie auf Seite 18 f. dargestellt und beschrieben ist.

Übungen zur konditionellen Vorbereitung
Grundsätze:
Kurze, maximale Anstrengungen und gute Erholung nach einer Übungsserie bzw. einem Lauf.

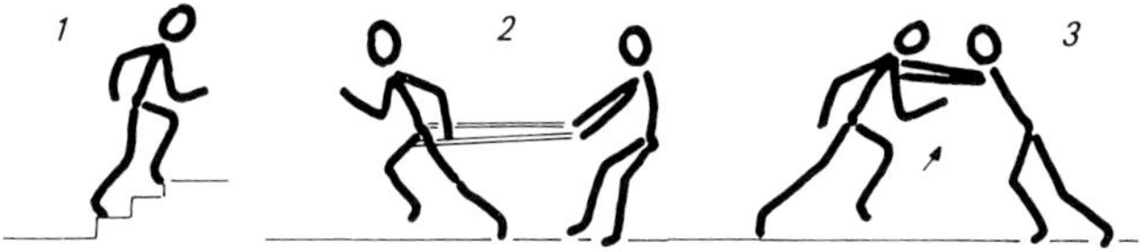

1. Verbesserung der Streckkraft der Beine (Sprungschule siehe Seite 58 ff.)
Sprunglauf und Hopserlauf auf weichem Boden (Abdruck nur auf dem Fußballen)
Treppenläufe und -sprünge (1)/Mehrfachsprünge
Sprint: im Sand/bergauf/als «Pferdchenspiel» (2)

2. Verbesserung des Kniehubs
Kniehebeläufe/Skipping (siehe «Sprint» S. 31)
«Tretläufe» gegen Wand oder Partner, Knie hoch (3)
Kniehochreißen: im Gehen/im Laufen/im Hüpfen

3. Verbesserung der Antrittsbeschleunigung
Antritte: aus dem Gehen/Traben/Kauern
Tempowechsel: 10 m sprinten – 20 m traben usw.
Verfolgungsläufe: Vordermann «abschlagen» (4)

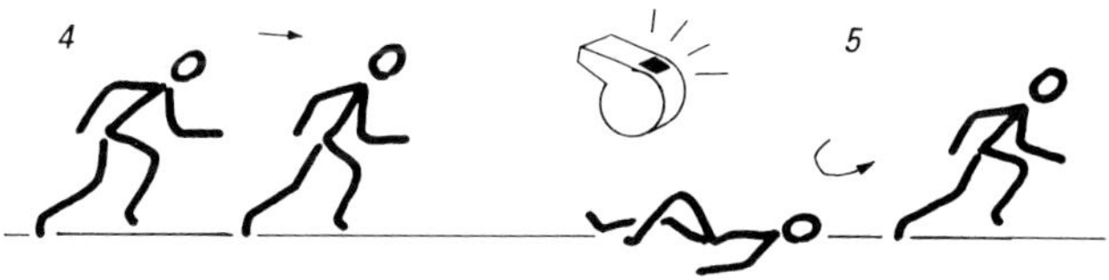

4. Verbesserung der Reaktionsschnelligkeit
Auf akustisches Signal: hüpfen/drehen/bücken/kauern/in die Hände klatschen/ein Knie hochreißen
Start: aus Bauchlage/Rückenlage (5)/Liegestütz

5. Spielformen
«Los vom Schatten»: den Partner 3 m abschütteln
«Nummernwettlauf»: Sprint auf Nummernaufruf
Fang-, Hasch- und Neckspiele aller Art

Der Sprint

Die älteste olympische Disziplin

Knisternde Spannung herrscht im Stadion, wenn die Sprinter zum Start niederkauern. An Großanlässen halten in diesem Moment wohl Zehntausende von Zuschauern den Atem an – die Ermittlung der schnellsten Athleten fasziniert das Publikum immer wieder von neuem.

In der Antike fand bei der «Feier zu Olympia», erstmals beschrieben im Jahre 776 v. Chr., nur ein einziger Wettkampf statt: der Stadionlauf (Dromos) auf einer Geraden von 192,27 m. Während Jahrhunderten wurde jeweils die Olympiade (die vier Jahre zwischen den Spielen) nach dem Sieger im Stadionlauf benannt, und der gleiche Athlet durfte an den nächsten Spielen das olympische Feuer entzünden. Erst an den 14. Olympischen Spielen (724 v. Chr.) wurde der Doppellauf (Diaulos) eingeführt. Dieser Hin- und Herlauf über zwei Stadionlängen entsprach dem heutigen 400-m-Lauf, der längsten (und anspruchsvollsten) Sprintstrecke.

Zu Beginn des 20. Jahrhunderts dominierten die Athleten der USA die Kurzstreckenläufe. Einer der ersten Sprinterstars war der extravagante Amerikaner Charly Paddock (siehe Bild), Olympiasieger 1920 und Weltrekordhalter über 100 und 200 m. Sein spektakulärer, bis zu fünf Meter langer Sprung ins Ziel nützte ihm zwar objektiv gesehen nichts, schockte aber immer und immer wieder seine Gegner.

15 Jahre nach Paddocks Olympiasieg gelang seinem Landsmann Jesse Owens eine einmalige Leistungsserie: Er verbesserte (oder egalisierte) am 25. Mai 1935 die Weltrekorde über 100 Yards, 220 Yards bzw. 200 m, im 220-Yards- bzw. 200-m-Hürdenlauf und im Weitsprung. Für den ganzen Wettkampf benötigte er 46 Minuten; die Weltrekordmarke von 8,13 m im Weitsprung blieb 25 Jahre lang bestehen! Mit vier Goldmedaillen an den Olympischen Spielen 1936 in Berlin untermauerte Jesse Owens seine einmalige Stellung. Der «König der Sprinter», der sich in den USA einen Namen als Sportförderer machte, starb am 31. März 1980 im Alter von 66 Jahren.

Charly Paddock (USA) lief 1921 – 1926 zehn Weltrekorde in den Sprints.

Die wichtigsten Wettkampfbestimmungen

Der Läufer darf seine Bahn nicht verlassen und einen anderen Läufer nicht behindern.

Die innere, links vom Läufer liegende Begrenzungslinie gehört nicht zur eigenen Bahn und darf nicht betreten werden (wichtig beim Kurvenlauf über 200 m, 400 m und 400 m Hürden und in den Staffeln).

Als Zieldurchlauf gilt das Erreichen der Ebene über der Ziellinie mit dem Rumpf (also nicht mit Kopf, Händen, Armen oder Füßen).

Wettkampfdistanzen

Die Sprints an Olympischen Spielen für Männer und Frauen: 100, 200 und 400 m. Üblich sind auch Läufe über 60, 80 und 300 m.

Weltrekorde und Olympiasieger S. 112 ff.

Die Technik einer 15jährigen Schülerin

Die drei Laufphasen

Stützphase: Die (vordere) Stützphase beginnt mit dem Aufsetzen des Fußes auf der Außenkante des Fußballens, dem ein entspanntes Anfersen (Bewegung der Ferse zum Gesäß hin) des freien (Schwung-)Beines folgt (1).

Streckphase: Fuß-, Knie- und Hüftgelenk des Abdruckbeines werden gestreckt (hintere Stützphase), unterstützt durch das schnelle und hohe Heben des Schwungbeinknies (2).

Weitere Merkmale der Sprinttechnik

Körpervorlage: Während des ganzen Laufes muß eine leichte Körpervorlage beibehalten werden.

Kopfhaltung: Der Kopf bleibt in der Verlängerung der Wirbelsäule, der Blick ist nach vorne gerichtet.

Flugphase (Schwungphase): Der Oberschenkel des Schwungbeines beginnt sich in der stützlosen Phase nach hinten-unten zu senken, während der Unterschenkel locker nach vorn pendelt und auf dem Boden aufsetzt (Beginn der Stützphase); das Abdruckbein ferst entspannt an und wird zum (neuen) Schwungbein (3).

Armschwung: Die Arme schwingen in Laufrichtung, Ober- und Unterarm bilden einen Winkel von etwa 90°, die Ellbogen werden nahe an der Hüfte vorbeigeführt.
Handhaltung: Der Handrücken zeigt nach außen, der Daumen liegt locker auf dem Zeigefinger.

Die drei Abschnitte des Sprints (Beispiel 100-m-Lauf)

Beschleunigungsabschnitt:

Sprintbeschleunigung
Ziel: Schrittverlängerung (durch allmähliches Aufrichten aus der Startvorlage) und Erreichen der maximalen Schrittfrequenz

Abschnitt der Maximalgeschwindigkeit:

Sprintschnelligkeit
Ziel: Möglichst lange Beibehaltung der hohen Schrittfrequenz bei lockerer Laufhaltung und raumgreifenden Schritten

Abschnitt der Geschwindigkeitsverminderung:

Sprintausdauer
Ziel: Schrittverlängerung bei möglichst geringem Abfall der Schrittfrequenz

So lernt man den Sprint

Traben

Charakteristisch für die Trabläufe ist die fließende und elastische Bewegungsausführung. In den *Fußgelenkläufen* kann fast an Ort das Fußabrollen vom Fußballen zur Ferse erlernt werden. Allmählich erfolgt ein fließender Übergang zu Läufen mit größerem Raumgewinn. Bei jedem Lauf wird ein bestimmtes technisches Merkmal bewußt geübt:

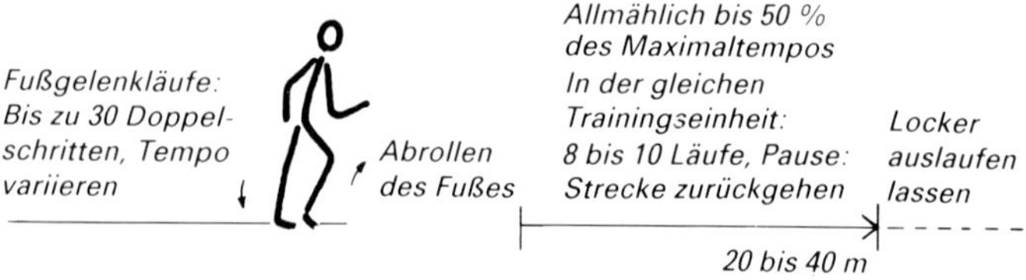

– Es darf nur auf den *Fußballen* gelaufen werden
– Die *Fußspitzen* zeigen immer in Laufrichtung
– Die *Arme* sind angewinkelt (ca. 90°) und schwingen in Laufrichtung
– Der *Oberkörper* ist aufrecht und die *Kopfhaltung* normal

Auch mit erhöhtem Tempo muß die Lauftechnik korrekt ausgeführt werden.

Steigerungsläufe
Die Tempsteigerung soll durch eine Schrittverlängerung und nicht durch eine Erhöhung der Schrittfrequenz erreicht werden. Als technische Merkmale sind speziell zu beachten:
– Die ausgeprägte Streckphase des Abdruckbeines mit dem schnellen und hohen Heben des Schwungbeinknies
– Das lockere Vorpendeln des Unterschenkels des Schwungbeines
– Das entspannte Nachpendeln des Unterschenkels des Abdruckbeines bis zum Anfersen

Durch Steigerungsläufe wird der raumgreifende Schritt geschult. Steigerungsläufe sind nie Wettrennen!

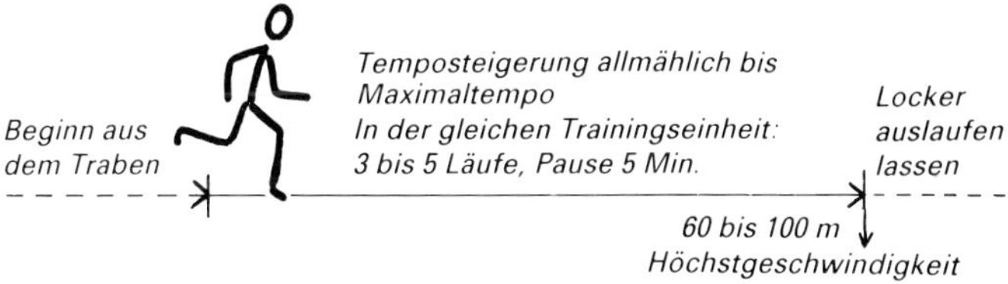

Koordinationsläufe
In den Koordinationsläufen sollen alle erwähnten technischen Merkmale korrekt und bei größter Lockerheit ausgeführt werden. Speziell betont wird der hohe Knieeinsatz. Während des Laufes bleibt das Tempo, im Gegensatz zum Steigerungslauf, immer gleich. Eine Tempoerhöhung ist nur sinnvoll, solange keine Verkrampfung oder Rhythmusstörung auftritt!

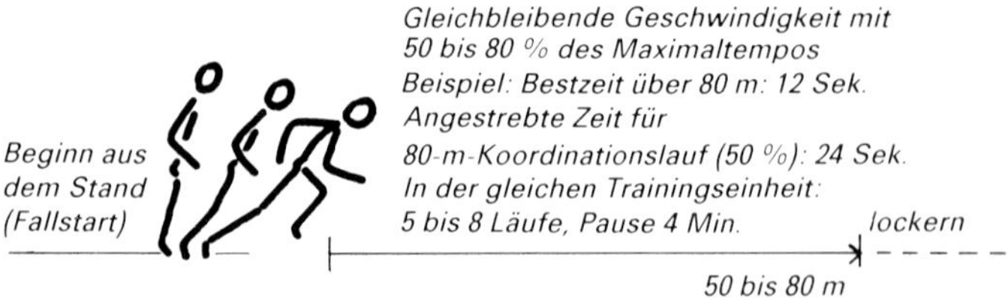

Tempowechselläufe

Mit den Tempowechselläufen wird die Entspannungsfähigkeit (Gelöstheit) des Läufers verbessert. Die einzelnen Abschnitte müssen auf der Laufbahn markiert sein. In der Beschleunigungsphase darf der Rücken nicht gekrümmt werden (Kopf leicht anheben), beim Übergang vom schnellen zum langsamen Lauf ist eine Oberkörperrücklage zu vermeiden.

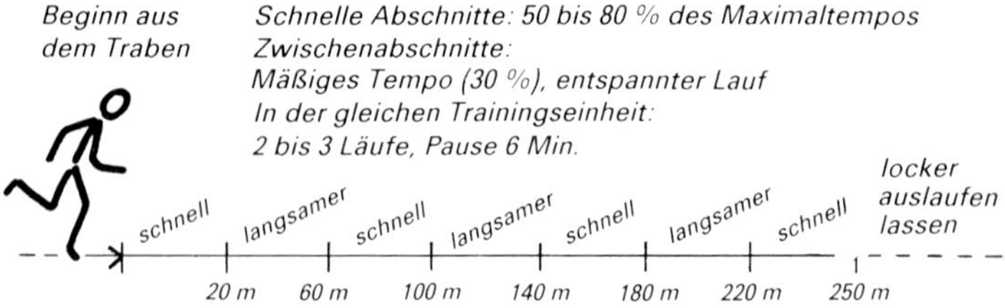

Kniehebeläufe, Skipping

Bei den *Kniehebeläufen* wird bei gestrecktem Stützbein der Oberschenkel des Schwungbeines bis zur Waagrechten gehoben. Der Oberkörper bleibt aufrecht oder leicht nach vorne geneigt, der kräftige Armschwung ist mit der Beinbewegung koordiniert. Den Kniehebelauf mit wenig Raumgewinn und einer hohen Schrittfrequenz nennt man *Skipping*.

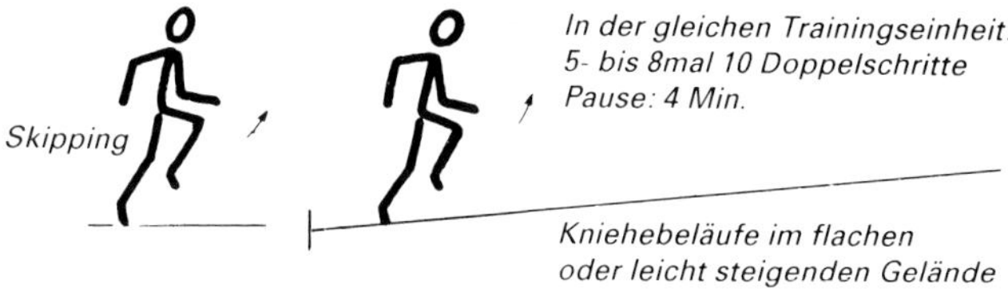

Übungen zur konditionellen Vorbereitung

1. Verbesserung der Sprintbeschleunigung

Streckkraft/Kniehub/Antritt: siehe «Start» S. 23

Sprints bis 30 m aus Hoch- oder Tiefstart

Steigerungsläufe: siehe S. 29

2. Verbesserung der Sprintschnelligkeit

Koordinationsläufe: siehe S. 29

Bergabläufe auf leicht geneigtem Hang über 50 bis 80 m

Tempowechselläufe

Mit fliegendem Start im Maximaltempo über 40 bis 60 m

3. Verbesserung der Sprintausdauer

Tempoläufe über 100 bis 400 m, etwas unter der Maximalgeschwindigkeit, flach oder bergauf

Tempowechselläufe mit Abschnitten von 60 bis 200 m

4. Spezielle Kraftübungen

Halbe Hocke zum Sitz (1), Belastung für Jugendliche maximal $3/4$ des Körpergewichts

Beinanziehen gegen Widerstand (2) in Rückenlage

Beinbeugen gegen Widerstand (3) in Bauchlage

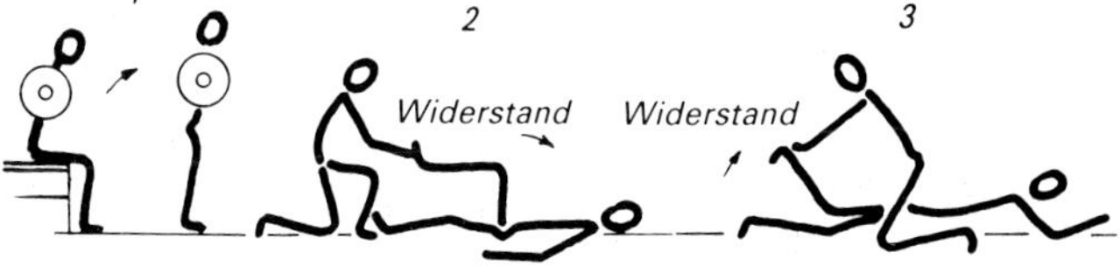

Der Mittel- und Langstreckenlauf

Was heißt Ausdauer?
Ausdauer ist die Widerstandsfähigkeit des Organismus gegen die Ermüdung bei lang andauernden Belastungen. Nach biologischen Kriterien kann die Ausdauer unterteilt werden in Dauerleistungsvermögen (aerobe Ausdauer) und Stehvermögen (anaerobe Ausdauer).
Dauerleistungsvermögen: Bei Läufen, die 2 Minuten und länger dauern, muß – zumindest über eine gewisse Zeit – die Aufnahme von Sauerstoff gleich groß sein wie der Verbrauch, was sich in einer gleichmäßigen Atmung und einem konstanten Leistungspuls ausdrückt. Die Energiegewinnung geschieht im sogenannten Sauerstoffgleichgewicht, der Läufer läuft im «steady state».
Stehvermögen: Bei schnellen Läufen von weniger als 2 Minuten Dauer ist die Sauerstoffaufnahme kleiner als der Sauerstoffverbrauch, was sich nach dem Lauf durch eine rasche Atmung und eine sehr hohe Pulsfrequenz ausdrückt. Bei der Energiegewinnung ohne Sauerstoff geht der Läufer eine Sauerstoffschuld (verbunden mit einer entsprechenden Muskelübersäuerung) ein.
Kein Stehvermögen-Training für Jugendliche und Anfänger
Das Stehvermögen (die anaerobe Ausdauer) ist wichtig für Laufstrecken von 200 bis 800 m sowie für Zwischen- und Endspurts in längeren Läufen. Oft werden für schnelle Läufe von 45 Sekunden bis 2 Minuten Dauer auch die Bezeichnungen Kurzzeit- oder Schnelligkeitsausdauer verwendet (siehe S. 10).
Entgegen der früheren falschen Ansicht soll der Trainingsaufbau von «oben nach unten» erfolgen, d. h. *von den längeren und langsameren Läufen zu den kürzeren und schnelleren Strecken.* In jedem Fall ist vor dem Stehvermögentraining die (aerobe) Grundlagenausdauer so weit zu entwickeln, daß ein Lauf von 15 bis 20 Minuten Dauer in mittlerem Tempo mühelos bewältigt werden kann.

Rechts: Markus Ryffel (Schweiz) vor John Treacy (Irland)

rivella
368

Dauerlauf und «Jogging» für alle

Das Training der allgemeinen (aeroben) Ausdauer führt in allen Altersstufen und bei beiden Geschlechtern zu einem leistungsfähigeren Herz-Kreislauf-Atem-System. Neben besseren Laufzeiten werden auch andere positive Auswirkungen erzielt:

Ausdauertrainierte ermüden weniger rasch und erholen sich schneller.

Leistungssportler bewältigen ihr Trainingspensum ökonomischer und mit kleinerem Verletzungsrisiko.

Fitneßsportler beugen durch «Jogging» (langsamen Dauerlauf) Herzerkrankungen und Streßerscheinungen vor.

Die Technik des Mittel- und Langstreckenlaufs

Die Technik unterscheidet sich in drei Punkten vom Sprint (S. 26 f.).

Mit zunehmender Laufdistanz wird der Fuß weiter hinten aufgesetzt:

Im Mittelstreckenlauf auf der Außenkante des Mittelfußes

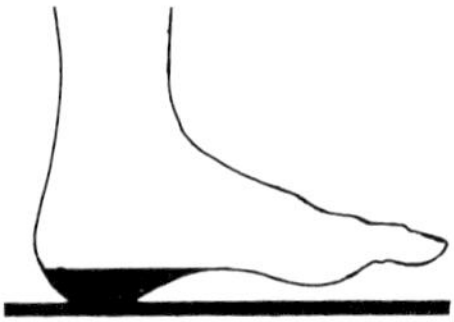

Im Langstreckenlauf auf der Außenkante im Bereich der Ferse

Die Stütz-, Streck- und Flugphase sowie die Körpervorlage sind weniger ausgeprägt.

Die Arme werden in der Regel tiefer und leicht diagonal geführt (nach oben bis etwa zur Körpermitte).

Trainingsmittel zur Entwicklung der Ausdauer

Das Ausdauertraining sollte wenn immer möglich im Freien und auf weichem Boden durchgeführt werden (Wald, Rasen, Finnenbahn).

Entwicklung des Zeit- und Tempogefühls
Möglichst genaues gedankliches Abschätzen von 30, 45 und 60 Sekunden.
Gleichmäßiges Laufen über bestimmte Strecken in vorgegebenen Zeiten; zum Beispiel 100 m in 30 Sekunden, 150 m in 45 Sekunden, 200 m in 60 Sekunden.
In einem Lauf von 1 bis 3 Minuten Dauer zwischendurch anhalten und die gelaufene Zeit schätzen.

Dauerläufe in gleichmäßigem Tempo («Jogging»)
Die Pulsfrequenz als Richtwert: Bei Jugendlichen sollte der Leistungspuls bei 150 bis 170 Schlägen pro Minute liegen, bei erwachsenen Anfängern bei 180 Schlägen pro Minute minus das Alter. Ein guter Trainingszustand ist dann erreicht, wenn nach einem zügigen Dauerlauf der Puls nach 3 Minuten Erholung um 60 Schläge pro Minute tiefer liegt als unmittelbar nach dem Lauf.
Zeitlauf: Ohne Unterbruch 10, 12 oder 20 Minuten laufen. Distanz allmählich steigern.
Streckenlauf: 2000, 2400 oder 4000 m laufen. Zeit allmählich senken.
«Alterslauf»: Pro Altersjahr 1 Minute (später 1½ Minute) in mittlerem Tempo laufen.
Atmungslauf: 10 bis 15 Minuten laufen mit regelmäßiger Atmung (kombinierte Brust- und Bauchatmung) durch Mund und Nase; z. B. 4 Schritte ein- und 4 Schritte ausatmen und allmählich unbewußt im gleichen Rhythmus weiteratmen.

Läufe in wechselndem Tempo
Die Pulsfrequenz sollte nach einem Lauf in mittlerem Tempo bei 160 bis 180 Schlägen pro Minute liegen und vor der nächsten Belastung 100 bis 120 Schläge pro Minute betragen.
Schwedisches Fahrtspiel: Spielerisches Lauftraining über 3 bis 6 km mit wechselndem, dem Gelände angepaßtem Tempo.
Minutenläufe: Läufe in mittlerem Tempo mit Minutenangaben, anfänglich 5 mal 1 Minute laufen mit 2 Minuten Gehpause, später z. B. Läufe über 2-3-4-3-2 Minuten mit je 2 Minuten Trabpause.

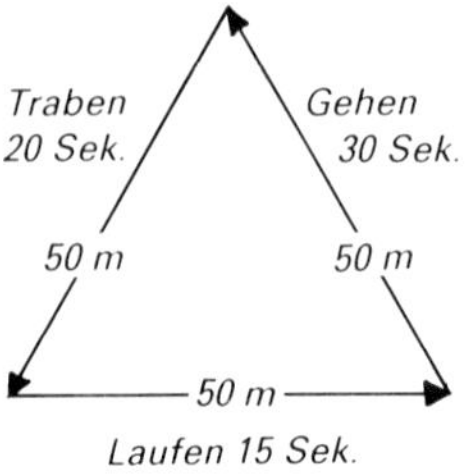

10- bis 15mal Dreieck umlaufen

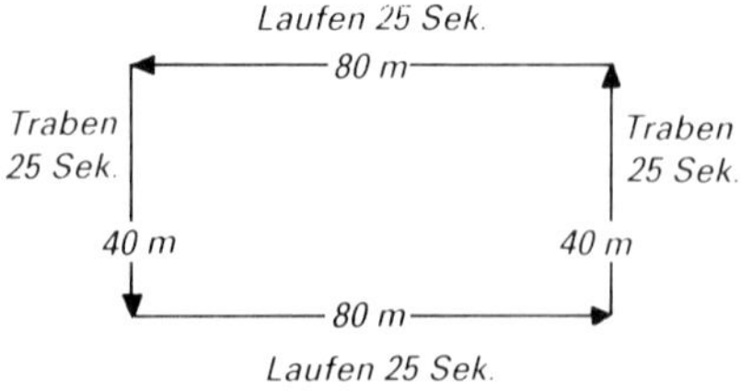

5- bis 10mal Viereck (Fußballfeld) umlaufen

Dreieck- oder Viereckläufe, allmählich Tempo steigern und Pausen verkürzen.

Die wichtigsten Wettkampfbestimmungen
Siehe «Start» (S. 20) und «Sprint» (S. 25)

Wettkampfdistanzen
Die Mittel- und Langstreckenläufe an Olympischen Spielen: Männer 800, 1500, 5000 und 10 000 m, Marathonlauf (42,195 km), 3000 m Steeple. Frauen 800 und 1500 m; an Europameisterschaften 3000 m (seit 1978) und Marathonlauf (ab 1982).
Üblich sind auch Läufe über 1000 m, 1 Meile (1609,35 m), 3000 m sowie über 1 Stunde.
Weltrekorde und Olympiasieger S. 112 ff.

Sechs taktische Regeln für den Mittel- und Langstreckenläufer
Teile die Kraft deinem Trainingszustand entsprechend ein!
Wähle den kürzesten Weg und laufe in der Kurve möglichst auf der Innenbahn!
Lasse dich nicht einschließen und behalte stets die Übersicht!
Sieh dich bei einer Tempoverschärfung nicht um!
Setze den Endspurt entschieden an und ziehe ihn voll durch!
Gib ein Rennen nie ohne zwingenden Grund auf!

Der Hürdenlauf

Hürdenläufer eifern den Pferden nach

Von seiner geschichtlichen Entwicklung her gesehen ist der Hürdenlauf die kürzeste Form des im frühen 19. Jahrhundert in England zuerst bei Pferderennen, dann auch in der Leichtathletik sehr populären Hindernislaufes (Steeple Chase). Aus dem Jahre 1837 wird von einem Hürdenwettlauf unter den Lehrern des Eton-College in Oxford berichtet, und ein 1853 ausgetragener Lauf von zwei Amateuren über 50 (!) Hürden verdeutlicht, wie frei und unreglementiert die Hürdenläufe vorerst waren. Um 1890 wurden die Maße festgelegt und bis heute für den kurzen Hürdenlauf der Männer nicht mehr geändert: 10 Hürden auf einer Strecke von 120 Yards (109,73 m), 3½ Fuß (1,067 m) hoch mit einem Zwischenraum von 10 Yards (9,14 m).

Die wichtigsten Wettkampfbestimmungen

Das Umstoßen der Hürden mit den Händen ist nicht erlaubt. Das Nachziehbein darf nicht neben der Hürde vorbeigezogen werden. Sonst wie «Start» S. 20 und «Sprint» S. 25.

Alvin Kraenzlein (USA) gewann mit seiner modernen Hürdentechnik an den Olympischen Spielen 1900 die Hürdenläufe über 110 m und 200 m sowie den 60-m-Lauf und den Weitsprung.

Die Technik einer 15jährigen Schülerin

Das Angehen der Hürde

Der Oberkörper richtet sich nach dem Start rasch auf (Blick nach 4 Schritten zur Hürde).

In der Stützphase vor der Hürde ist das Schwungbein stark gebeugt (angeferst).

Das Überlaufen der Hürde

Der Gegenarm zieht vorwärts gegen das Schwungbein, die Oberkörpervorlage verstärkt sich, der Blick bleibt nach vorn gerichtet.

Nach einem langen Abstoß und einer kurzen Entspannungsphase wird das Nachziehbein nachgezogen und seitlich abgespreizt, bis es parallel zur Hürdenlatte liegt (Fußspitze nach außen).

Das Schwungbein wird im Knie gebeugt und geradlinig gegen die Hürde geführt, der Oberschenkel befindet sich in der Streckphase etwas über der Horizontalen, der Unterschenkel pendelt passiv gegen die Hürde.
Die Entfernung des Abdruckbeines (Nachziehbeines) vor der Hürde beträgt rund ²/₃ der Gesamtlänge des Hürdenschrittes (¹/₃ liegt nach der Hürde bis zum Bodenfassen mit dem Schwungbein).

Ohne Unterbruch erfolgt die Beschleunigung des Nachziehbeins nach vorne oben.
Das Schwungbein (Landebein) setzt nach der Hürde senkrecht unter dem Becken auf dem Fußballen auf.
Schulter- und Beckenachse bleiben parallel zur Hürdenlatte (keine Rotation), die Arme erhalten das Gleichgewicht, der Kopf ist immer auf gleicher Höhe.

Wettkampfdistanzen
Die Hürdenläufe an Olympischen Spielen: Männer 110 und 400 m; Frauen 100 m, an Europameisterschaften auch 400 m (seit 1978).
Weltrekorde und Olympiasieger S. 112 ff.

Hürdenmaße, Streckenlängen, Abstände
100-m-Hürdenlauf (Frauen): Anlauf 13,00 m, Hürdenabstände 8,50 m, Auslauf 10,50 m, 10 Hürden, Höhe 84 cm.
110-m-Hürdenlauf (Männer): Anlauf 13,72 m, Hürdenabstände 9,14 m, Auslauf 14,02 m, 10 Hürden, Höhe 106,7 cm.
400-m-Hürdenlauf (Männer und Frauen): Anlauf 45,00 m, Abstände von Hürde zu Hürde 35,00 m, Auslauf 40,00 m, 10 Hürden; Höhe: Männer 91,4 cm, Frauen 76,2 cm.
Üblich ist auch der Lauf über 60 und 80 m Hürden (Hürdenmaße siehe S. 42 f.) für Anfänger sowie als Vorbereitung auf die lange Hürdenstrecke der 300-m-Hürdenlauf (7 Hürden, Höhe 91,4 cm bzw. 76,2 cm; Abstände wie beim 400-m-Hürdenlauf).

So lernt man den Hürdenlauf
Grabenlaufen
Wichtig ist von Anfang an das mühelose Laufen im 3-Schritt-Rhythmus zwischen den markierten Gräben.

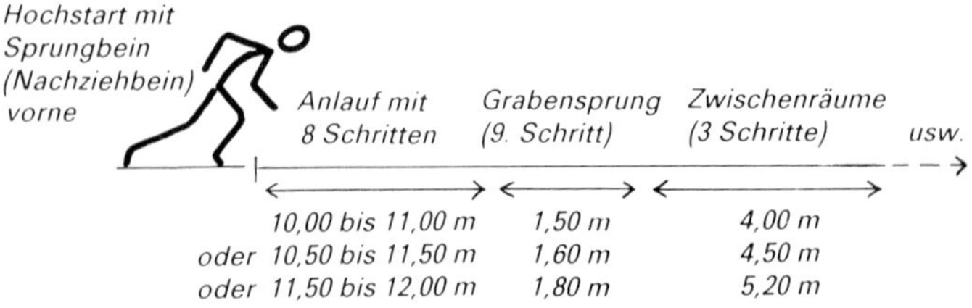

Gelaufen wird nur auf den Fußballen! In der Regel sollte das Sprungbein (das stärkere Bein) das Abdruckbein (Nachziehbein) sein. Der Anlauf mit acht Schritten wird erst beachtet, wenn das Laufen und Überlaufen rhythmisch und problemlos vor sich geht.

Lauf über niedrige Hindernisse

Bei etwa ⅔ der Grabenbreite werden niedrige, nachgebende Hindernisse (Medizinbälle, Gummischnüre, Übungshürden) aufgestellt; alles übrige bleibt wie beim Grabenlaufen. Der 3-Schritt-Rhythmus wird eingeübt.

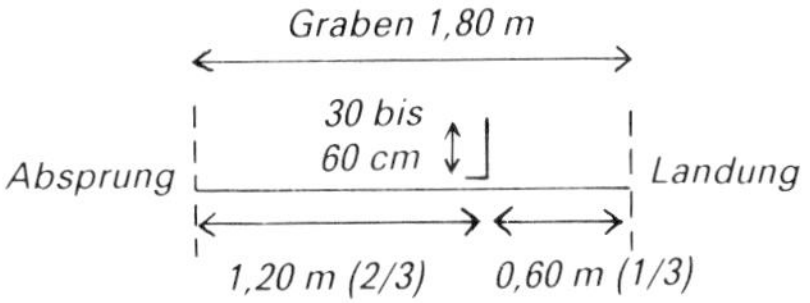

Die Schwungbeinbewegung

Im Gehen (ohne Hürde): Schwungbeinknie hochreißen – Gegenarm nach vorn gegen den Fuß führen – aktives Bodenfassen auf dem Fußballen – Nachziehbein abspreizen (1).

Die gleiche Übung ist auch möglich:

- gegen die Wand oder die Sprossenwand (Oberkörper weit vorneigen), Standbein strecken (2)
- aus dem leichten Hopserhüpfen (mit Hupter auf dem Stand- bzw. Nachziehbein auch über die Hürde)

Im Anschluß: Lauf über niedrige Hindernisse (60 cm) oder über umgekippte Hürden (Latte gegen den Läufer) mit korrektem Schwungbeineinsatz.

Die Nachziehbewegung

Im Stand neben der Hürde, Arme abgestützt: Das Nachziehbein wird waagrecht abgespreizt über die Hürde vor-hoch bis vor die Brust gezogen (1, folgende Seite).

Die gleiche Übung ist auch möglich:
- ohne Hürde, in Kombination mit der Schwungbeinbewegung
- im Gehen oder im Laufen seitlich neben der Hürde vorbei

Zur Angewöhnung an höhere Hindernisse kann das Nachziehbein über einen auf der Langbank liegenden Medizinball geführt werden (2).

Lauf über mehrere Hürden aus dem Tiefstart

Beim Tiefstart befindet sich das (Hürden-)Nachziehbein in der Regel vorne. Die acht Anlaufschritte werden mit voller Kraft ausgeführt (zur Distanzkontrolle vorerst neben der Hürde durchlaufen). Im vollen Lauf konzentriert sich der Läufer darauf, die Hürden von oben nach unten (Voraussetzung: hohes Schwungbeinknie) zu überlaufen und von jeder Hürde möglichst schnell wegzusprinten, wie dies auf Seite 38 f. dargestellt und beschrieben ist.

Lauf über 60 und 80 m Hürden

Für Anfänger empfiehlt es sich, über 60 oder 80 m Hürden zu laufen. Dabei ist in erster Linie auf das lockere Laufen im 3-Schritt-Rhythmus und die korrekte Hürdentechnik (ohne Geschwindigkeitsverlust) zu achten.

60-m-Hürdenlauf

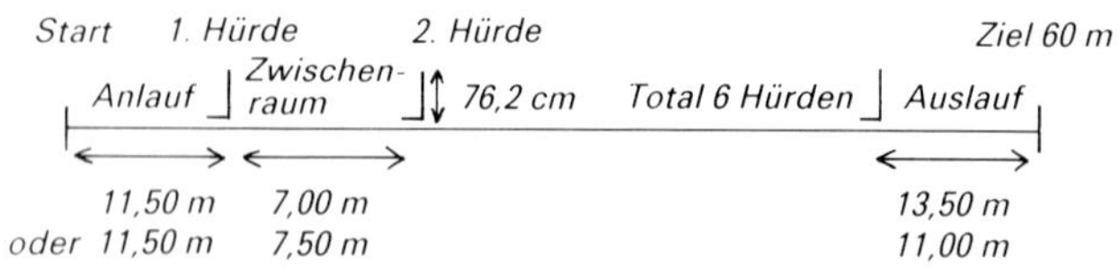

80-m-Hürdenlauf

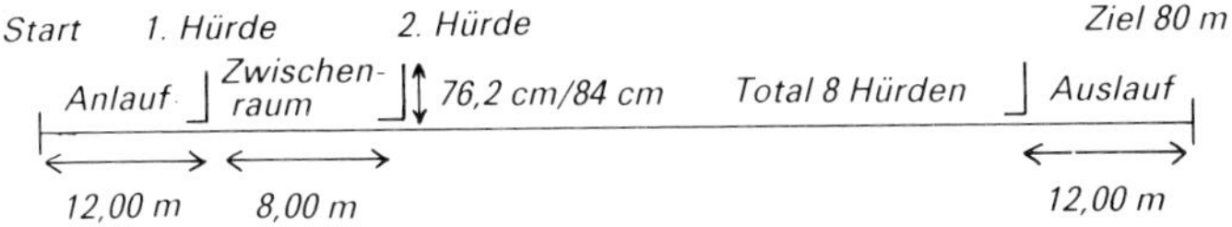

Übungen zur konditionellen Vorbereitung

1. *Verbesserung der Sprintfähigkeiten* (siehe «Start» S. 23 und «Sprint» S. 28 f.)

2. *Verbesserung der Beckenbeweglichkeit*
Hüftkreisen/Rumpfkreisen/Beinachterkreisen
In Bauchlage (1)/in Rückenlage (2): Fuß zur Gegenhand
An der Hürde: Beinkreisen/Nachziehbewegung (3)

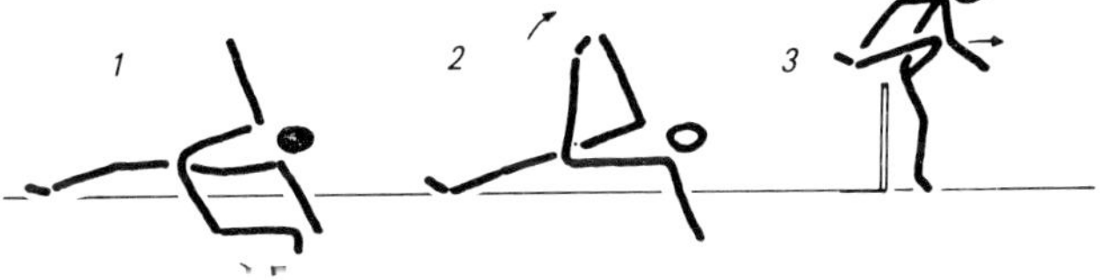

3. *Verbesserung der Rumpfkraft*
«Klappmesser» (1)/Grätschwinkelsprünge
Rumpfbeugen aus Rückenlage, mit angezogenen Knien (2)
«Scheibenwischer»: Beinsenken seitwärts aus «Kerze» (3)

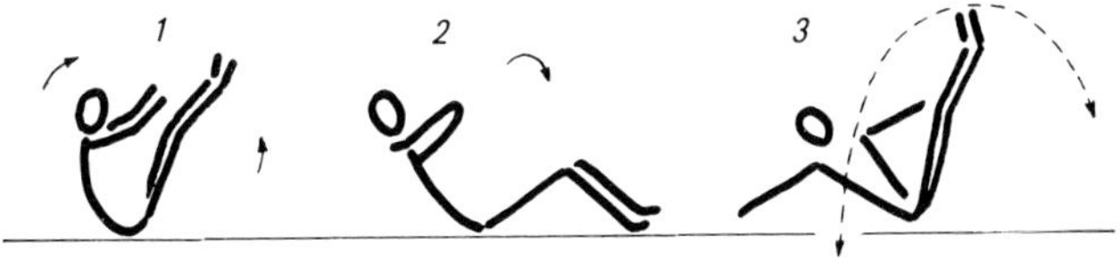

4. *Verbesserung der Dehnfähigkeit* (Beine, Hüfte)
Kauern, Hände auf Boden: Knie durchstrecken (1, folgende Seite)
Grätschsitz: Rumpfbeuge vorwärts, Ellbogen auf Boden
Hockgrätschsitz, Füße gegeneinander: Kopf auf Füße

Guy Drut (Frankreich), dritter von rechts, im Kampf mit den Amerikanern Willie Davenport und Charles Foster (Nr. 153).

Hürdensitz: Wippen vorwärts, Kinn auf Knie, Gegenarm zum Fuß (2)
Hürdensitz im Wechsel/aus Kerze/Bauchlage/Langsitz
Hürdensitz: Rumpfbeuge seitwärts gegen Nachziehbein, Hände in Nackenhalte (3)
Alle Dehnungsübungen sind langsam und mit leicht angespannter Muskulatur auszuführen. Keine ruckartigen Bewegungen!

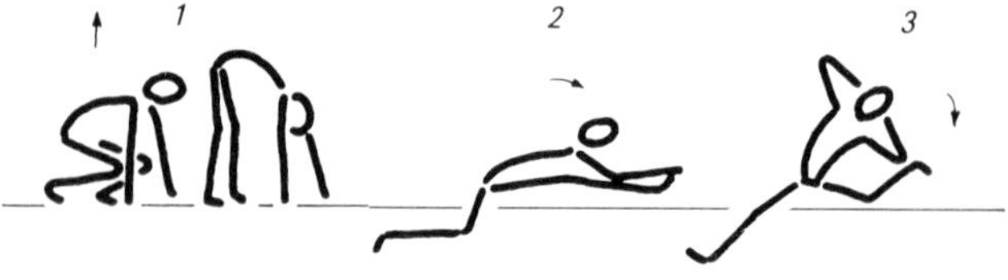

Der Staffellauf

Gut übergeben ist halb gewonnen

Von den Staffelläufen geht eine ganz besondere Faszination aus. Nicht nur, daß an großen Veranstaltungen die Staffelläufe in der Regel den Abschluß bilden und oft über Sieg und Niederlage entscheiden. Die Staffel nimmt auch an sich, als einziger Mannschaftswettkampf in einer sehr individuellen Sportart, eine sympathische Sonderstellung ein.

In früheren Zeiten war das Überbringen von Botschaften oder Gegenständen durch Läuferstaffeln üblich. Im Sport erfreuen sich die traditionellen Staffelläufe quer durch Städte oder Länder heute noch großer Beliebtheit. Am eindrucksvollsten und bekanntesten ist der Staffellauf mit dem olympischen Feuer, ausgehend vom griechischen Olympia bis zum Austragungsort der Spiele: ein 1936 wiedereingeführter altgriechischer Brauch.

Die Rundbahnstaffeln 4 × 100 m und 4 × 400 m gehören seit 1912 zum Olympiaprogramm.

Das A und O des *4 × 100-m-Staffellaufes* ist das sichere Übergeben und Übernehmen des Staffelstabes. Der Wechsel muß bei höchstmöglicher Geschwindigkeit in einem Wechselraum von 20 m, nach einem zusätzlichen Anlauf von 10 m, erfolgen. Die verschiedenen Wechselarten (Innenwechsel, Außenwechsel, gemischter oder «Frankfurter»-Wechsel) können an dieser Stelle nicht behandelt werden. Sie haben alle ihre Vor- und Nachteile; die Wahl richtet sich nach dem Leistungsvermögen und der zur Verfügung stehenden Trainingszeit.

Eine vorbildliche Wechseltechnik zeigen die beiden Läuferinnen auf der Bildreihe der folgenden Doppelseite (4 × 100 m, 1. Wechsel). Die Startläuferin nähert sich entlang der Kurvenlinie (Bilder 1 und 2). Die übernehmende Läuferin sprintet voll weg und übernimmt mit der linken Hand (Daumen weit abgespreizt) den Stab sicher (3 bis 8). Der eigentliche Wechsel erfolgt innerhalb eines einzigen Schrittes ca. 4 m vor Ende des Wechselraumes. Kraftvoll wird der Sprint fortgesetzt (9 bis 12).

Geringere Bedeutung hat die Wechseltechnik beim *4 × 400-m-Staffellauf* (vgl. Bild S. 48).

SUPERGA SP

4

SPO

3

LIQUORE
ALL'UOVO
372

8

372

7

POORTE
372

12

RPORTE
379
372
LIQUORE
ALL'UOVO

11

ERGA
PORT
372

2

SUPERG
SPORT
379
372

1

379
372
SUPER

6

372
ERG

5

379
LIQUO
ALL'U
ORT

10

TEN
372

9

909
903
824
USA
809

Der Weitsprung

Eine Domäne der dunkelhäutigen Athleten

In keiner anderen Leichtathletikdisziplin wurde der Weltrekord so selten verbessert wie im Weitsprung – nur elf Namen weist die offizielle Rekordliste von 1901 bis heute auf. Woran mag das liegen? Es gibt dafür drei Erklärungen: Erstens blieben, seit der Einführung des Absprungbalkens im Jahre 1886, die Sprunganlagen mehr oder weniger gleich, zum zweiten wurden keine revolutionären Trainingsmethoden entwickelt, und schließlich ist der Weitsprung eine relativ einfache Disziplin, deren Technik sich seit dem Beginn dieses Jahrhunderts kaum mehr verändert hat.

Vor 1900 waren der Hocksprung und eine Art Hangsprungtechnik bekannt, etwas später begannen die Springer in der Luft «weiterzulaufen». Der Olympiazweite von 1924, Edwin Gourdin (USA), verfeinerte die Laufsprungtechnik und verbesserte im Jahre 1921 den Weltrekord auf 7,69 m (siehe Bild S. 54). Gourdin war der erste einer ganzen Reihe hervorragender dunkelhäutiger Springer, unter denen noch zwei weitere Athleten Geschichte machten: Jesse Owens mit 8,13 m im Jahre 1935 und Bob Beamon mit 8,90 m, die er 1968 in der günstigen Höhenlage von Mexico City erzielte.

Die Griechen kannten den Weitsprung als Disziplin des Fünfkampfes (Pentathlon), wobei sie den Bewegungsablauf mit Sprunggewichten (Halteren) in den Händen unterstützten. Auch bei den Springern und Artisten des 19. Jahrhunderts war diese Art des Weitsprungs bekannt und beliebt: Im Jahre 1854 soll der Engländer Howard mit Hilfe von zwei 2,5-kg-Hanteln die respektable Weite von 9,02 m erreicht haben – weiter als Bob Beamons «Sprung ins nächste Jahrhundert»!

Links oben: Der «Jahrhundertsprung» von Bob Beamon (USA), der mit 8,90 m in Mexico City 1968 Weitsprung-Olympiasieger wurde.
Links unten: Letzter Wechsel über 4 × 400 m: die USA (Ed Moses an Maxie Parks) knapp vor der Bundesrepublik Deutschland (Harald Schmid an Bernd Herrmann).

Die Laufsprungtechnik einer 15jährigen Schülerin

Der Absprung (Anlaufgestaltung siehe S. 58)

Die Vorbereitung des Absprungs geschieht durch Aufrichten des Oberkörpers unter Beibehaltung der für den Anlauf typischen hohen Hüft- und Knieführung.

In den letzten Anlaufschritten und beim Absprung blickt der Springer geradeaus (Oberkörper in leichter Rücklage).

Das Sprungbein wird nahezu gestreckt und flüchtig über die Ferse aufgesetzt, der Sprungfuß setzt sofort aktiv auf der

Merkmale der Flugphase ($2\frac{1}{2}$ Schritte)

Das Schwungbein zieht energisch nach vorn oben und streckt sich anschließend aktiv nach unten hinten.

Im höchsten Punkt der Flugkurve wird die Hüfte nach vorne gedrückt, gleichzeitig überholt das stark gebeugte Sprungbein das Schwungbein.

ganzen Sohle auf (Abklappen des Fußes) zum Absprung. – In der «Amortisationsphase» überholt das stark gebeugte Schwungbein das leicht nachgebende Sprungbein.
Das Schwungbein (Oberschenkel bis zur Horizontalen, Unterschenkel senkrecht) und der gegengleiche Armeinsatz unterstützen die aktive Absprungstreckung.

Die gegengleich (asymmetrisch) zu den Beinen ausgeführte Armbewegung dient der Gleichgewichtserhaltung.
Das Anheben des (Sprungbein-)Oberschenkels bis zur Horizontalen leitet die Landung mit weit vorgestreckten Beinen ein.

Die wichtigsten Wettkampfbestimmungen
Beim Weitsprung aus einer *80-cm-Absprungzone,* wie sie in vielen Jugendwettkämpfen gestattet ist, muß die Absprungstelle (Fußspitze) innerhalb der Zone liegen.
An Wettkämpfen mit Vor- und Endkampf können die acht besten Teilnehmer des Vorkampfes im Endkampf nochmals drei Versuche ausführen (total sechs Versuche).
Erreichen zwei oder mehr Springer die gleiche Leistung, so entscheidet die Weite des zweitbesten Versuches über den Rang.
Weltrekorde und Olympiasieger S. 112 ff.

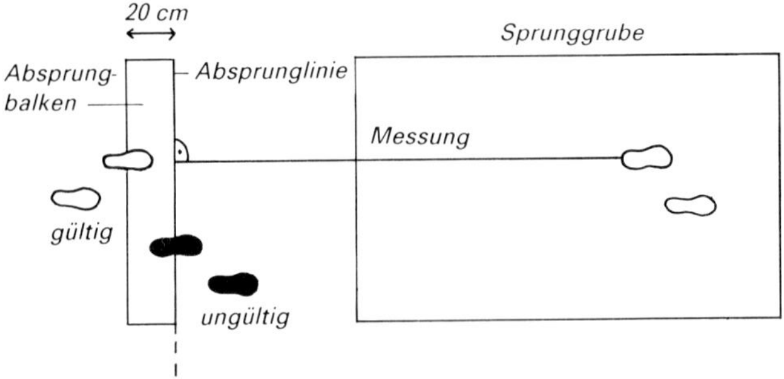

Messung: Vom hintersten Körperabdruck im rechten Winkel zur Absprunglinie
Ungültiger Versuch: Berührung des Bodens zwischen Absprunglinie (bzw. deren Verlängerung) und der Sprunggrube mit irgendeinem Körperteil

So lernt man die Laufsprungtechnik
Einfache Schrittsprünge
3-Schritt-Anlauf, Absprung mit dem Sprungbein, Landung auf dem Schwungbein zum neuen 3-Schritt-Anlauf.

Schrittsprung über ein Hindernis
5-Schritt-Anlauf: Sprung über ein 40 bis 60 cm hohes Hindernis, Landung auf dem Schwungbein zum Weiterlaufen. Wichtig ist

eine technisch korrekt und fließend ausgeführte Anlauf-Absprung-Koordination.
Über mehrere sich folgende Hindernisse (mit Vorteil Übungshürden) können Sprunggewandtheit und Sprungkraft gleichzeitig verbessert werden:

Schrittsprung mit Landung in weiter Schritthaltung
5-Schritt-Anlauf, zu Beginn mit erhöhtem Absprung (20 bis 30 cm): Landung in Schritthaltung (Schwungbein vorne), mit aufrechtem Rumpf und angehobenen Armen.

Die korrekte Ausführung der Flugphase wird erleichtert durch Richtungsregler (Hand, Zweig, aufgehängter Ball) für den Kopf oder das Schwungbeinknie

Schrittweitsprung
5- oder 7-Schritt-Anlauf, zu Beginn mit erhöhtem Absprung (20 bis 30 cm): Langes Beibehalten der Schritthaltung, spätes (aber rasches) Nachziehen des Sprungbeines zur beidbeinigen Landung.

Edwin Gourdin (USA) sprang mit der Laufsprungtechnik 1921 die Weltrekordweite von 7,69 m und wurde 1924 Olympiazweiter.

Sprünge auf den Kasten und vom Kasten (Schrittwechsel)

5-Schritt-Anlauf, Sprung vom Hartbrett auf einen 50 bis 60 cm hohen Kasten mit Landung auf dem Schwungbein:

- zum sofortigen Weiterlaufen und Bodenfassen mit dem Sprungbein (1)
- zum flüchtigen Zwischenabsprung auf dem Schwungbein und zur Landung in weiter Schritthaltung (Sprungbein vorne, 2)
- mit flüchtigem Zwischenabsprung auf dem Schwungbein zur beidbeinigen Landung (3), Bewegungsablauf wie beim Schrittweitsprung

Laufsprung (2½ Schritte) mit Anlauf

5- bis 7-Schritt-Anlauf, zu Beginn mit erhöhtem Absprung (20 bis 30 cm): Ausführung der Technik, wie sie auf Seite 50 f. dargestellt und beschrieben ist (Einsatz von Richtungsreglern für Kopf, Hüfte, Schwungbein). Der Anlauf wird allmählich verlängert (vgl. Seite 58). Als technische Merkmale sind speziell zu beachten:

- Die Beine vollführen in der Luft eine ausgeprägte Laufbewegung (kein Zappeln).
- Die Armbewegung erfolgt gegengleich und kann durch asymmetrisches Armkreisen im Stand, im Gehen und im Hopserhüpfen vorbereitet werden.

Laufsprung- oder Hangsprungtechnik?

Die beiden Weitsprungtechniken können als gleichwertig bezeichnet werden, obschon die meisten Spitzenathleten heute die «natürlichere» Laufsprungtechnik der bewegungsmäßig «einfacheren» Hangsprungtechnik vorziehen. Zudem gibt es verschiedene Abwandlungen und Mischformen. – Entscheidend für die Wahl der einen oder anderen Technik sind individuelle Voraussetzungen (vor allem Koordinationsfähigkeit und Beweglichkeit) und nicht zuletzt das persönliche «Sprunggefühl»!

Die Hangsprungtechnik einer 16jährigen Schülerin

Der Absprung und die Anlaufgestaltung entsprechen der Laufsprungtechnik.

Merkmale der Flugphase

Nach dem Absprung senkt sich das Schwungbein, bis sich beide Oberschenkel senkrecht in Verlängerung des Rumpfes befinden.

Die gestreckten Arme stabilisieren die Hangphase bis zum höchsten Punkt der Flugkurve und werden symmetrisch im Kreisbogen von hinten-unten nach oben geführt.

In der Hangphase bilden die Ober- und Unterschenkel beider Beine einen rechten Winkel, die Hüfte wird vorgedrückt (Vorspannung), der Kopf ist in Verlängerung der Wirbelsäule.

Das gleichzeitige Vorbringen der Arme und der Oberschenkel aus der Körpervorspannung leitet das Zusammenklappen und die Landung mit weit vorgestreckten Beinen ein.

Grundsätzliches zur Anlaufgestaltung beim Weitsprung und beim Dreisprung

Der Anlauf ist ein Steigerungslauf bis zur Maximalgeschwindigkeit, mit hoher Hüft- und Knieführung und angehobenem Kopf (Blick geradeaus). Auf den letzten vier Anlaufschritten wird der Oberkörper aufgerichtet (kein Treibenlassen). Eine konstante Schrittlänge wird erreicht durch Sprinttraining (S. 28 bis 31), Hürdenlauf (S. 40 bis 44) und häufige Anlaufkontrolläufe. Der Anlauf bestimmt zu zwei Dritteln die Sprungweite!

Anlaufbeginn: Ablauf aus der Vorschrittstellung, Schwungbein vorgestellt, und erster Schritt mit dem Sprungbein.

Ausmessen: Aus der stets gleichen Ablaufstellung mit gleichbleibender Schrittzahl (Doppelschritte zählen) mehrmals in vollem Tempo gegen den Absprungbalken oder vom Balken zurück laufen und die Absprungstelle markieren.

Länge: Anfänger: 6 Doppelschritte (etwa 19 Gehschritte); Fortgeschrittene: 6 bis 8 Doppelschritte; Spitzenkönner: 9 bis 11 Doppelschritte.

Zwischenmarke: Im Wettkampf befindet sich vier Schritte vor dem Absprung eine letzte Kontrollmarke, die mit dem Sprungbein getroffen werden soll.

Übungen zur konditionellen Vorbereitung

1. Verbesserung der Anlaufgeschwindigkeit (siehe «Start» S. 23 und «Sprint» S. 28 f.).

2. Verbesserung der Beweglichkeit und Rumpfkraft

Armkreisen symmetrisch/asymmetrisch

«Klappmesser»: Oberkörper und Arme beim Aufrichten zwischen den gegrätschten Beinen durchführen (1)

Kniestand: Hände auf Fersen, Hüfte vor – hoch drücken (2)

Kniestand, ein Bein abgewinkelt vorgestellt, Arme in Hochhalte: Bogenspannung, Rumpfwippen rückwärts (3)

3. Verbesserung der Sprunggewandtheit und der Sprungkraft

Grundsätze:

Immer auf weichem Boden und mit vollem Krafteinsatz (Beinstreckung) springen.

Einbeinige Sprünge werden immer rechts und links ausgeführt.

Ziel der Sprünge ohne Anlauf ist eine bestimmte Anzahl oder

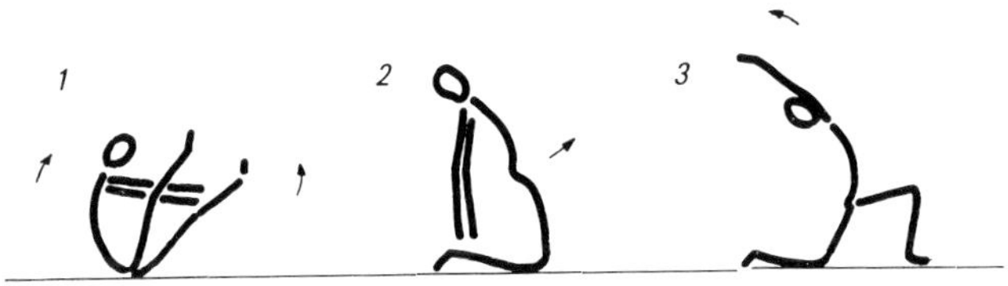

das Zurücklegen einer vorgegebenen Strecke (auch als Wettkampfform). Sprungformen ohne Anlauf (a, b) sind auch an der Treppe oder über Hindernisse möglich.

a) Bestimmung des Sprungbeins

In spielerischen Hüpf-, Mehrfach- und Hindernissprüngen muß individuell das stärkere und gewandtere Bein gefunden werden.

b) Sprünge einbeinig ohne Anlauf

Mehrfachsprünge auf demselben Bein, Sprungbeinferse zum Gesäß (4)

Laufsprünge links-rechts-links usw., Fußaufsetzen kurz über die ganze Sohle wie beim Weitsprung (5)

Wechselsprünge links-links-rechts-rechts usw.

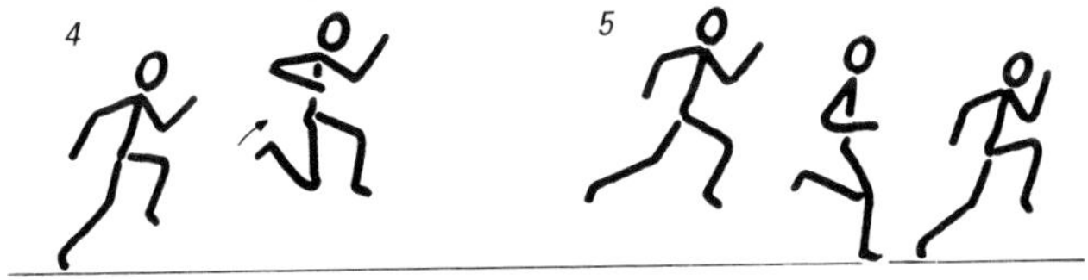

c) Sprünge beidbeinig ohne Anlauf

Hüpfen an Ort, vorwärts oder seitwärts: im Zickzack / mit Hüftdrehen / mit Grätschen / mit Ausfallschritt

Strecksprünge mit Armschwingen / mit Armkreisen / in die Höhe (6)

Hockstrecksprünge (Froschhüpfen) in die Weite (7)

d) Sprünge einbeinig mit kurzem Anlauf
Steigesprünge (steile Schrittsprünge, vgl. S. 52 f.)
Grundleistungssprünge: Mit 8 Anlaufschritten (Länge: etwa 12 Gehschritte) $^{2}/_{3}$ der Wettkampfleistung erreichen

4. Spezielle Kraftübungen
Belastung für Jugendliche maximal $^{3}/_{4}$ des Körpergewichts:
Halbe Hocke zum Sitz (siehe S. 31)
Fußballen erhöht (3 cm): Fußgelenkstreckung (8)
Banksteigen (Fuß flach aufsetzen, 9)

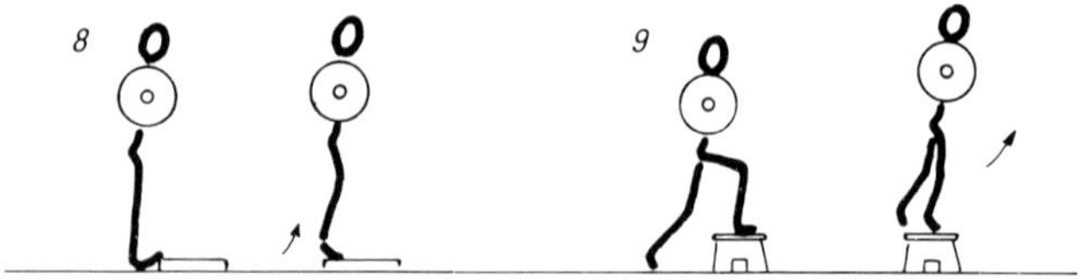

Der Dreisprung

Springen wie ein Känguruh
Der Dreisprung wurde in vorchristlicher Zeit von den Kelten ausgeübt und zählte auf dem europäischen Kontinent ums Jahr 1500 zu den beliebtesten Körperübungen an Volks- und Schützenfesten. Im 19. Jahrhundert wurde von Schotten und Iren der «Irische Dreisprung» mit gleichbleibendem Sprungbein ausgeführt (links-links-links oder rechts-rechts-rechts), während man zu Beginn des 19. Jahrhunderts bei Turnvater Jahn den «Deutschen Dreisprung» pflegte (links-rechts-links oder rechts-links-rechts). Seit 1896 ist der Bewegungsablauf mit der Sprungfolge links-links-rechts oder rechts-rechts-links, auch als «Hop-Step-Jump-Technik» bezeichnet, genau reglementiert.
Im Dreisprung unterscheidet man die Steilsprungtechnik und die heute bevorzugte *Flachsprungtechnik,* wie sie die Bildreihe auf der folgenden Doppelseite zeigt. Nach dem Absprung (Bilder 1 bis 3) wird das angewinkelte Absprungbein (Bild 4) aktiv nach vorn geführt. Mit dem Bodenfassen des weit ausgreifenden, fast gestreckten Absprungbeines ist der «Hop» abgeschlossen (Bilder 5/6). Der zweite Sprung erfolgt von einem Bein auf das andere («Step», Bilder 7 bis 9) und geht nach dem aktiven Bodenfassen in den abschließenden «Jump» über (hier: Schrittsprungtechnik, Bilder 10 bis 12). Für die Aufteilung der Weite bei den einzelnen Sprüngen gilt für die Flachsprungtechnik folgende Regel: Hop 35 %, Step 30 %, Jump 35 %.

Die wichtigsten Wettkampfbestimmungen
Der Dreisprung muß in der Sprungfolge links-links-rechts oder rechts-rechts-links ausgeführt werden.
Berührt der Athlet in einem der Sprünge mit dem jeweiligen Schwungbein den Boden, so ist der Sprung ungültig.
Fehlversuchs- und Meßvorschriften sind gleich wie beim Weitsprung (Seite 52).
Weltrekorde und Olympiasieger S. 112 ff.

1

2

3

7

8

9

4

5

6

10

11

12

Der Hochsprung

Immer höher mit neuen Sprungtechniken
Die ersten Aufzeichnungen über den Hochsprung stammen aus dem 15. Jahrhundert; der eigentliche sportliche Hochsprung wird jedoch erst seit dem 19. Jahrhundert gepflegt. Schotten, Iren und Engländer gaben zu dieser Zeit den Ton an und erreichten beachtliche Leistungen. Im Jahre 1895, ein Jahr vor den ersten Olympischen Spielen der Neuzeit, sprang Mike Sweeney, ein Amerikaner irischer Abstammung, mit 1,97 m einen damals phantastischen Weltrekord. Erst siebzehn Jahre später wurde dieser Rekord von seinem Landsmann George Horine, dem ersten 2-m-Springer der Welt, gebrochen. Beide Athleten entwickelten ihre persönliche Technik: die «Sweeney-Technik» (Scher-Kehr-Technik) und die «Horine-Technik» (Parallel-Rücken-Roller) leiteten eine technische Entwicklung ein, die erst 1968 mit dem «Fosbury-Flop» ein (vorläufiges?) Ende fand.
Auch Frauen sprangen um die Jahrhundertwende mit der Schertechnik. Einige Vorkämpferinnen des Frauensports durften an den Olympischen Spielen 1908 eine Hochsprungdemonstration geben (siehe Bild). Trotz dieser eleganten Darbietung dauerte es noch genau zwanzig Jahre, bis die Leichtathletinnen zu den olympischen Wettkämpfen zugelassen wurden.
An den Olympischen Spielen 1900, 1904 und 1908 siegte das Sprungwunder Ray Ewry in allen Sprungwettbewerben aus dem Stand (Hoch-, Weit- und Dreisprung). Ewry, der in seiner Jugend an Kinderlähmung litt, trainierte seine Beinmuskulatur jahrelang mit eisernem Willen. Bei seiner ersten Olympiateilnahme im Jahre 1900 war er bereits 27jährig und übersprang ohne Anlauf die Höhe von 1,65 m — eine auch aus heutiger Sicht olympiawürdige Leistung!

Diese junge Dänin, eine Vorkämpferin des Frauensports, durfte an den Olympischen Spielen von 1908 eine Hochsprungdemonstration geben. Trotz dieser eleganten Darbietung dauerte es noch genau zwanzig Jahre, bis die Leichtathletinnen zu olympischen Wettkämpfen zugelassen wurden.

Die Wälzsprungtechnik eines 17jährigen Schülers

Der Absprung (Anlaufgestaltung siehe S. 73)

Die Absprungvorbereitung geschieht auf den letzten drei Anlaufschritten durch das Aufrichten des Oberkörpers, im vorletzten Schritt durch ein Absenken des Beckens mit starker Körperrücklage (Sprungauslage).

Das Sprungbein setzt nahezu gestreckt über die Ferse auf, der Sprungfuß rollt in Anlaufrichtung über die ganze Sohle ab.

Merkmale der Lattenüberquerung

In der Steigphase wird das Schwungbein gegen die Latte geführt und der Oberkörper allmählich etwas vorgeneigt.

Praktisch gleichzeitig überqueren das Schwungbein, der Kopf sowie Schulter und Arm auf der Schwungbeinseite die Latte; das Sprungbein wird gebeugt nachgezogen.

In der «Amortisationsphase» kommt es zu einem leichten Nachbeugen des Sprungbeines, das vom Schwungbein überholt wird.
Der energische Schwungbein- und Armeinsatz unterstützt die aktive vertikale Absprungstreckung.

Hinter der Latte bewegt sich die Schwungbeinseite des Körpers nach unten, gleichzeitig dreht sich das gebeugte Sprungbein aktiv nach oben von der Latte weg.
Die Landung erfolgt auf der Schwungbeinseite mit anschließendem seitlichen Abrollen über Arm und Schulter.

Die Floptechnik eines 16jährigen Schülers

Der Absprung (Anlaufgestaltung siehe S. 72 ff.)

Die Absprungvorbereitung geschieht auf den letzten drei Anlaufschritten durch eine verstärkte Körperneigung zum Bogenzentrum, ohne Tempoverlust.

Die Körperrücklage ist in der Sprungauslage weniger extrem als beim Wälzsprung (der Körper richtet sich aus der Kurveninnenneigung auf).

Merkmale der Lattenüberquerung

Im aufsteigenden Teil der Fluphase senkt sich das Schwungbein entspannt, anschließend werden die Schultern nach hinten und die Hüften nach oben gedrückt.

Die Lattenüberquerung erfolgt vom Kopf bis zum Gesäß in der typischen Brückenhaltung, möglichst mit Blickkontakt zur Latte.

Das Sprungbein wird nahezu gestreckt und flüchtig über die Ferse aufgesetzt, der Absprung erfolgt sofort und aktiv auf dem Fußballen.
Das Schwungbein zieht mehr oder weniger gebeugt von der Latte weg (diagonal in Richtung Gegenschulter), der Oberschenkel erreicht die Horizontale.

Die Arme werden nahe an den Rumpf geführt (Variante: Der lattennähere Arm zieht über die Latte nach hinten-unten).
Das Gesäß senkt sich, sobald es die Latte überquert hat, die Beine werden gestreckt, und die Landung erfolgt rechtwinklig zur Latte auf dem ganzen Rücken.

Die wichtigsten Wettkampfbestimmungen
Der Springer muß mit *einem* Fuß abspringen.
Fehlversuche: Abwerfen der Latte oder Berühren des Bodens bzw. der Sprunganlage jenseits der Sprungständer mit irgendeinem Körperteil.
Nach drei aufeinanderfolgenden Fehlversuchen scheidet der Springer aus.
Über den Rang entscheidet die größere übersprungene Höhe und bei gleicher Höhe 1. die geringere Anzahl Versuche auf dieser Höhe, 2. die insgesamt geringere Anzahl Fehlversuche, 3. die insgesamt geringere Anzahl ausgeführter Versuche.
Weltrekorde und Olympiasieger S. 112 ff.

So lernt man die Floptechnik
Übungen zur konditionellen Vorbereitung
Alle auf Seite 58 ff. aufgeführten Konditionsübungen (Sprungschule) gelten auch für die Vorbereitung des Flops.

Spezielle Gewandtheits- und Beweglichkeitsübungen
Alle Arten von Bogen- und Slalomläufen (1)
Hopserhüpfen mit hohem Schwungbeineinsatz
Hopserhüpfen mit diagonalem Knieeinsatz (2)
Einbeinsprünge mit halber Drehung: gegen erhöhte Gegenstände/aus Bogenlauf
Halbe Drehung aus 3-Schritt-Anlauf
Aus Sitz oder Rückenlage: Hüftheben zur Brücke
Aus dem Stand: Rumpfbeuge rückwärts zum Berühren der Sprungmatte (3)
Standflop von erhöhtem Absprung (20 bis 30 cm) (4)

1

2

3  4 

Sprung mit halber Drehung und geradem Anlauf
3-Schritt-Anlauf mit erhöhtem Absprung (20 bis 30 cm): Sprung mit halber Drehung zum Sitz.
Technische Merkmale:
Sprungfuß gerade aufsetzen
Schwungbeineinsatz zur Gegenschulter (diagonal)
Armschwung nach oben gerichtet
Allmählich Anlauf auf fünf Schritte verlängern.

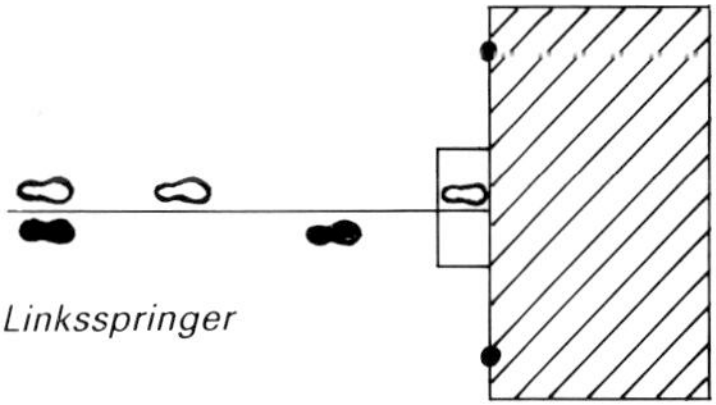
Linksspringer

Drehsprung aus Bogenlauf (Skizze folgende Seite)
5-Schritt-Anlauf mit leichtem Bogen (Anlaufbeginn nicht über Sprunghügelbreite hinaus) und erhöhtem Absprung (20 bis 30 cm): Sprung mit Drehung zum Sitz.
Technische Merkmale:
Sprungfuß in Anlaufrichtung aufsetzen
Schwungbeineinsatz diagonal
Betonte Streckung des Sprungbeins

Rechtsspringer

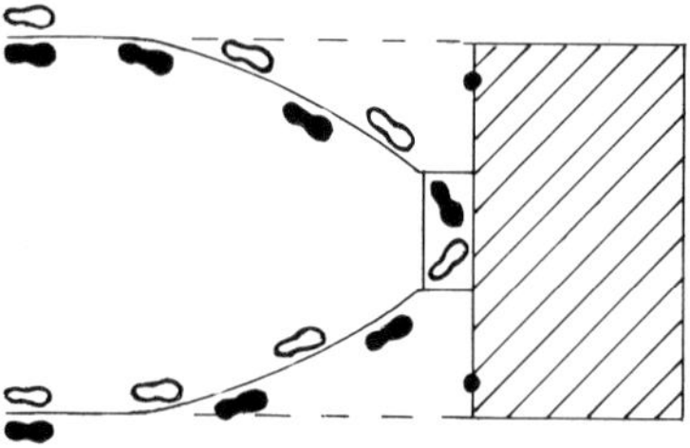

Linksspringer

Nach dem korrekten Absprung allmählich die Schultern nach hinten und die Hüften nach oben drücken (Brückenhaltung und Rückenlandung).

Flopsprung mit Anlauf
5- bis 7-Schritt-Anlauf, Absprung mit dem lattenferneren Bein: Ausführung der Technik, wie sie auf Seite 68 f. dargestellt und beschrieben ist.

Der Anlauf beim Flopsprung
Der Anlauf ist ein Steigerungslauf, der mindestens auf den letzten drei Schritten bogenförmig verläuft (Bogenlänge und -krümmung sind individuell verschieden).
Der letzte Schritt sollte gleich lang oder etwas kürzer als der vorletzte sein.
Der Sprungfuß wird in Richtung des verlängerten Anlaufs auf oder etwas außerhalb des Anlaufbogens, d. h. gegen die Latte versetzt, aufgesetzt.
Absprungvorbereitung siehe Technikbeschreibung und Bildreihe S. 68 f.

Festlegen des Flopanlaufs (Grundmuster eines Bogenanlaufs)
Ständermarke setzen: 3 Fußlängen vom näheren Hochsprungständer rechtwinklig zur Anlage nach hinten.

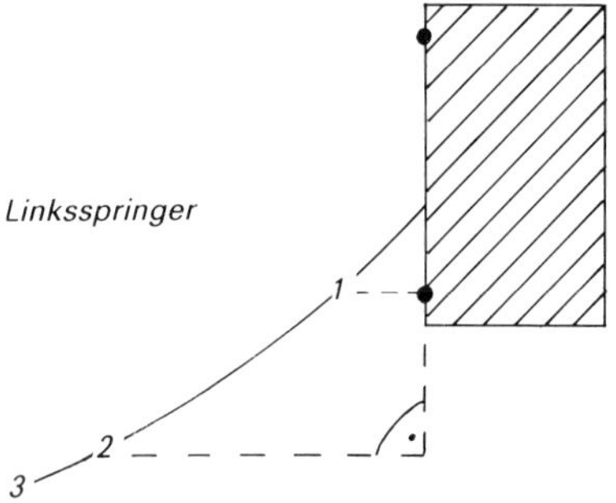

Bogenmarke setzen: 1½ Gehschritte vom näheren Hochsprungständer nach außen (in Lattenverlängerung) und rechtwinklig 3 Gehschritte nach hinten.
Anlaufbogen aufzeichnen: Den Bogen von der Ständermarke über die Bogenmarke ziehen und nach hinten verlängern.
Ablaufstelle markieren: Auf dem aufgezeichneten Anlauf wird eine 5-Schritt-Ablaufmarke festgelegt, die individuell noch weiter nach innen oder nach außen verlegt werden kann.

Grundsätzliches zur Anlaufgestaltung beim Hochsprung
Anlaufbeginn: Ablauf aus der Vorschrittstellung, Schwungbein vorgestellt.
Anlaufgeschwindigkeit: Das Tempo muß der Sprungkraft und der Absprungtechnik angepaßt sein.
Ausmessen: Die ungefähre Anlauflinie aufzeichnen oder markieren, Anlaufwiederholung mit stets gleicher Ablaufstellung und Schrittzahl.
Absprungstelle: Der Absprung erfolgt 2 bis 2½ Fußlängen von der Latte entfernt im ersten Drittel der Lattenlänge.
Länge: Anfänger 5 bis 7 Schritte, Fortgeschrittene 7 bis 9 Schritte, Spitzenkönner 9 bis 11 Schritte.

Der Stabhochsprung

Die Materialentwicklung prägt die Technik
Das Springen mit Hilfe von Stäben und Lanzen war zu allen Zeiten sehr verbreitet. Dabei wurden sowohl der Stabweitsprung, wie er beispielsweise zum Überspringen von Wasserläufen noch heute in Holland üblich ist, als auch der Stabhochsprung ausgeführt. In den deutschen Turnanstalten entwickelte sich in der ersten Hälfte des 19. Jahrhunderts der Flankensprung, bei dem der Turner die Latte seitlich überquerte und in strammer Haltung auf beiden Beinen in der Sprunggrube landete. Die Verbesserung des Stabmaterials (vom Eschenholz über Bambus und Metall bis zum Glasfiber) und der Anlagen führte zu großen Fortschritten in der Sprungtechnik. Mit dem starren Metallstab steht der «Weltrekord» auf 4,80 m, erzielt im Jahre 1960 vom späteren Film-Tarzan Don Bragg (USA).
Die auf der Bildreihe dargestellte Technik mit dem flexiblen Glasfiberstab verlangt einen aus vollem Lauf ausgeführten flüssigen Einstich und einen nach vorn gerichteten Absprung, wobei sich der Stab über dem Kopf befindet und der obere Arm gestreckt ist (Bilder 1 bis 4). Durch den Widerstand des unteren (linken) Armes (Bilder 4 und 5) und das «lange Pendel» (Bilder 5 und 6) setzt die Stabbiegung ein. Der Einrollphase mit der größten Biegung (Bild 7) folgt die Stabstreckung und parallel dazu das Hochstoßen der Beine dem Stab entlang (Bilder 8 bis 10). Möglichst spät, d. h. erst bei gestrecktem Stab, beginnt der Armzug mit dem anschließenden Drehumstütz (10 bis 12).

Die wichtigsten Wettkampfbestimmungen
Das Abspringen nach erfolgtem Einstich zählt als Versuch.
Fehlversuche: Abwerfen der Latte (mit dem Körper oder dem Stab) oder Berühren des Bodens bzw. der Sprunganlage jenseits des Einstichkastens mit irgendeinem Körperteil oder mit dem Stab; das Hochklettern am Stab ist nicht erlaubt.
Ausscheiden durch Fehlversuche und Festlegung der Rangfolge wie beim Hochsprung (Seite 64).
Weltrekorde und Olympiasieger S. 112 ff.

Günther Lohre (BRD)

6

5

4

12

11

10

3

2

1

9

8

7

Der Kugelstoß

Geballte Kraft im kleinen Kreis

Das im Mittelalter sehr volkstümliche, aus dem Brauchtum der Kelten stammende Stoßen von Steinen und Baumstämmen wurde im 17. Jahrhundert durch eine Übung kriegerischen Ursprungs erweitert: Die Soldaten begannen damit, sich die Zeit mit dem Stoßen von Kanonenkugeln zu vertreiben. Die Engländer schrieben im Jahre 1857 das heute noch gültige Kugelgewicht von sechzehn Pfund (7,257 kg) und ein Stoßquadrat mit sieben Fuß (2,135 m) Seitenlänge vor, das im Jahre 1904 durch den Stoßkreis ersetzt wurde. Im gleichen Jahr nahm der Hüne Ralph Rose (USA) erstmals an Olympischen Spielen teil und gewann auf Anhieb das Kugelstoßen mit der Weltrekordweite von 14,80 m (siehe Bild). Sein im Jahre 1909 aufgestellter Weltrekord von 15,54 m blieb neunzehn Jahre lang bestehen!

Die orthodoxe Technik mit dem seitlichen Anhüpfen zur Kreismitte blieb jahrzehntelang praktisch unverändert. Erst Parry O'Brien, Olympiasieger 1956 und 1960, brachte mit seiner Rückenstoßtechnik eine grundsätzliche Neuerung. Die O'Brien-Technik konnte auch durch die heute vereinzelt angewandte Drehtechnik nicht verdrängt werden.

Mit allen (erlaubten und unerlaubten) Mitteln versuchen Spitzenstößerinnen und -stößer heute, ihre rohe Kraft zu vergrößern. Wäre im Kugelstoßen nicht, ähnlich wie im Gewichtheben, eine Einteilung in Gewichtsklassen sinnvoll? Dies würde zwar die vielschichtigen Probleme nicht aus der Welt schaffen, könnte für junge Athletinnen und Athleten aber ein neuer Anreiz sein, sich in dieser Disziplin zu versuchen.

Die wichtigsten Wettkampfbestimmungen

Kugelgewicht: Männer 7,257 kg, Frauen 4 kg; üblich sind für Schüler und Jugendliche auch 3, 4, 5 und 6,250 kg.

Die Anlage besteht aus einem Stoßkreis von 2,135 m Durchmesser (Randhöhe 2 cm) und einem 10 cm hohen Abstoßbalken.

Ralph Rose (USA), Olympiasieger 1904, 1908 und 1912, auch Sieger im «beidarmigen Stoßen» (Summe der rechts- und linksarmig erzielten Leistung).

Die Kugel muß von der Schulter aus (neben dem Kinn) mit *einer* Hand gestoßen werden.
Das Berühren des Bodens außerhalb des Stoßkreises, der Kreisoberkante oder der Balkenoberfläche zählt als Fehlversuch.
Die Kugel muß innerhalb des Sektors (40°) auftreffen.
Der Werfer hat den Kreis durch die hintere Hälfte aus sicherem Stand zu verlassen.
An Wettkämpfen mit Vor- und Endkampf können die acht besten Teilnehmer des Vorkampfes im Endkampf nochmals drei Versuche ausführen (total sechs Versuche).
Erreichen zwei oder mehr Athleten die gleiche Leistung, so entscheidet die Weite des zweitbesten Versuches über den Rang.
Weltrekorde und Olympiasieger S. 112 ff.

Die Technik einer 16jährigen Schülerin

Die Ausgangsstellung

Nach der Auftaktbewegung wird der Schwungbeinfuß zur Ferse des Standbeins zurückgeführt.

Das Körpergewicht ruht auf dem gebeugten Standbein.

Der Oberkörper wird weit über das Standbein gebeugt, Schwungarm und Blick sind nach hinten gerichtet.

Die Stoßauslage

Das Körpergewicht ruht auf dem gebeugten hinteren Bein (beim Rechtsstößer rechts).

Das Stemmbein wird möglichst rasch und gestreckt beim Abstoßbalken aufgesetzt und bildet mit dem Rumpf eine Gerade.

Die Schulterachse bleibt rechtwinklig zur Stoßrichtung, die Kugel befindet sich über dem hinteren Fuß.

Das Eindrehen des hinteren Fußes und der Hüfte bewirkt eine Verwringung zwischen Becken- und Schulterachse.

Das Angleiten
Energischer Schwungbeineinsatz (flach in Stoßrichtung) und kräftiger Abstoß mit dem Standbein (Angleitbein).
Der Fuß des Angleitbeins wird flach über den Boden gezogen (ohne diesen zu berühren), eingedreht und etwa in der Kreismitte unter dem Körper auf dem Fußballen aufgesetzt.
Schwungarm und Blick bleiben während des Angleitens nach hinten gerichtet.

Der Ausstoß
Die Hubphase setzt mit der Streckung des hinteren Beines und des Rumpfes ein, gleichzeitig geschieht das Eindrehen in der Reihenfolge Fuß, Knie, Hüfte und Rumpf (über die seitliche Bogenspanne).
Stemmbein und Stoßarm werden gestreckt, während Schwungarm und freie Körperseite fixiert sind.
Nachdem die Kugel die Hand verlassen hat (Handfläche zeigt nach außen), erfolgt der *Umsprung* auf den anderen Fuß.

Fragen zur Technik

Wie wird die Kugel gehalten?

Die Kugel liegt auf den Fingerwurzeln und Fingern der abgewinkelten Hand (nicht im Handteller); Kleinfinger und Daumen sind etwas abgespreizt.

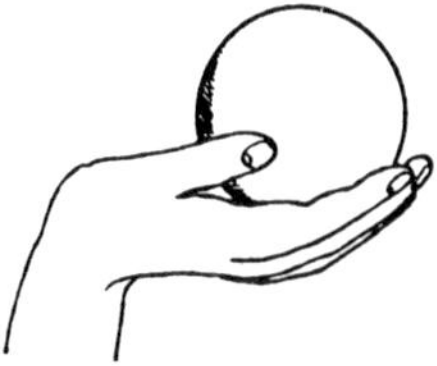

Was versteht man unter der Drehstoßtechnik?

Mit der Kugel am Hals führt der Stößer eine dem Diskuswurf ähnliche Drehung aus. Aus der (engen) Stoßauslage erfolgt der Ausstoß wie bei der Rückenstoßtechnik. Die Schwierigkeit des Drehstoßes liegt im Übergang von der Drehung zum geradlinigen Stoß.

So lernt man den Kugelstoß (Rückenstoßtechnik, O'Brien-Technik)

Kugelgewöhnungsübungen

Rollen der Kugel (Boccia) und Zielstoßen (in Zonen)

Kreisen der Kugel um den Körper, links- und rechtsherum

Achterkreisen durch die gegrätschten Beine, beim Untendurchführen Knie beugen (wechselseitig)

Wechselhändiges Zuspielen der Kugel vor dem Gesicht (Kugel auf Fingerwurzeln, Handgelenke aktiv)

Kugel vor der Brust (beidhändig gefaßt, halbe Kniebeuge): Ausstoßstreckung (in die Höhe, auf Weite)

Für jede der folgenden Übungsformen empfiehlt sich ein schrittweises Vorgehen:

1. Ausführung *ohne Gerät* (Imitationsübung)
2. Mit einem leichten *Hilfsgerät* (Ball, Medizinball, kleine Kugel) oder gegen einen *Widerstand* (Veloschlauch, Partner)
3. Ausführung mit der *Kugel* (von der leichten Kugel zum Wettkampfgewicht)

Frontaler Standstoß

In der Vorschrittstellung (Stemmbein vorne, Auslage etwa drei Fußlängen) werden die Beine etwas gebeugt, und der Oberkörper neigt sich ohne Rotation leicht zurück. Die Stoßhand mit der Kugel wird neben das Ohr geführt (Ellbogen nach außen) und die Hüfte nach vorn gedrückt. — Nacheinander folgen Beinstreckung (bis zum Ballenstand), Rumpf- und Armeinsatz.

Seitlicher Standstoß

Ausgangsstellung ist die etwa drei Fußlängen weite Seitgrätschstellung in Stoßrichtung, der hintere Fuß zeigt in einem Winkel von etwa 45° nach hinten, der Fuß des Stemmbeins ist um 45° nach vorne gedreht und auf der Innenkante aufgesetzt.

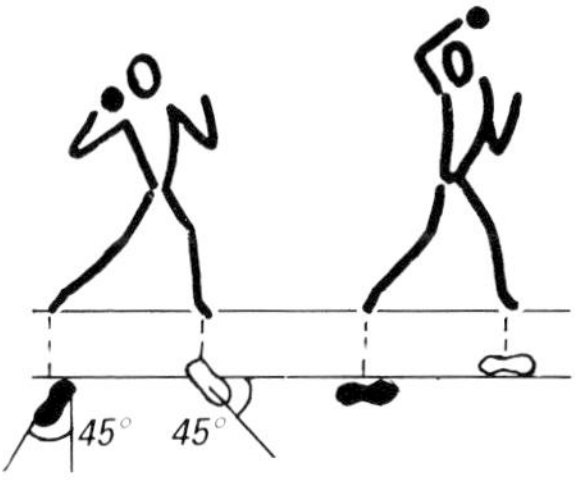

Seitlicher Standstoß *Frontaler Standstoß*

Diese Standstöße werden ohne Umsprung ausgeführt Das Stemmbein ist immer um ½ Fußlänge seitlich versetzt

Das Körpergewicht ruht ganz auf dem gebeugten hinteren Bein (bei Rechtsstößern rechts); die Kugel wird seitlich am Kinn angelegt oder frei in Kinnhöhe gehalten (Freihaltestoß). — Mit dem Eindrehen des hinteren Fußes und dem Vordrücken der Hüfte folgen nacheinander Bein-, Rumpf- und Armeinsatz; der angehobene Ellbogen ist immer hinter der Kugel. Kein Umsprung nach dem Stoß.

Standstoß aus der Stoßauslage

Zur oben beschriebenen seitlichen Stoßauslage kommt ein Zurückdrehen des Oberkörpers, bis die Schulterachse rechtwinklig zur Stoßrichtung steht (Körperverwringung). Die Ausstoßbewegung ist fließend und kann von Fortgeschrittenen auch mit einem Auftakt (Stemmbein rückwärts ausgreifend) ausgeführt werden. In der Regel erfolgt auch bei dieser Übung kein Umsprung nach dem Stoß.

Das Angleiten

Das Angleiten, wie es auf Seite 81 dargestellt und beschrieben ist, wird über erleichterte Bedingungen ohne Kugel erlernt:
Angleiten mit geringer Beugung des Standbeins (Blickorientierung nach hinten auf einen Gegenstand)
Angleiten mit einem Stab in beiden Händen (Arme gestreckt, Stab parallel zur Schulterachse)
Angleiten mit Partnerhilfe (Partner faßt beide Hände, angleiten zur Stoßauslage, aktives Eindrehen des hinteren Fußes, Schulterachse bleibt rechtwinklig zur Stoßrichtung)
Aktiver Schwungbeineinsatz gegen einen Ball (Ball mit dem Fuß wegstoßen)
Angleiten zur Stoßauslage, das Gleichgewicht halten und in Gegenrichtung (Blickrichtung) wegsprinten
Angleiten zur Stoßauslage mit (leichter) Kugel, dann Ausstoßbewegung; vorerst mit, dann ohne einen kurzen Kontrollhalt.

Rückenstoßtechnik

Nach dem Angleiten erfolgt aus der korrekten Stoßauslage ohne Bewegungsunterbruch die Ausstoßbewegung. Die Gesamtbewegung (Technik), wie sie auf Seite 80 f. dargestellt und beschrieben ist, wird relativ langsam begonnen, damit die Kugel bis zum Wegflug beschleunigt werden kann.

Übungen zur konditionellen Vorbereitung

1. Verbesserung der Stoßgewandtheit

Stoßen mit Steinen, Rundhölzern, Medizinbällen: auf Höhe / auf Weite / auf Ziele / in Zonen
Ein- und beidarmiges Stoßen: aus dem Stand (1) / aus der Schrittstellung (2) / aus dem Kniestand (3) / im Sitzen
Spiele mit dem Medizinball (verschiedene Stoßarten)

2. Verbesserung der Beweglichkeit und der Rumpfkraft
Alle Arten des Rumpfdrehens und -kreisens, mit und ohne Belastung (4)
Grätschstellung: Abbeugen vorwärts und Rumpfdrehen
Hüftkreisen / Beinkreisen / Hürdengymnastik
Würfe rückwärts über den Kopf (aus dem Stand), mit Kugel oder Medizinball / Spielformen / Wettkämpfe (5)

3. Verbesserung der Stoßkraft (Armstrecker)
Liegestütz (6) / Schrägliegestütz (Hände gegen innen)
Stoßübungen aller Art (siehe oben)
Bankdrücken mit der Hantel (7)

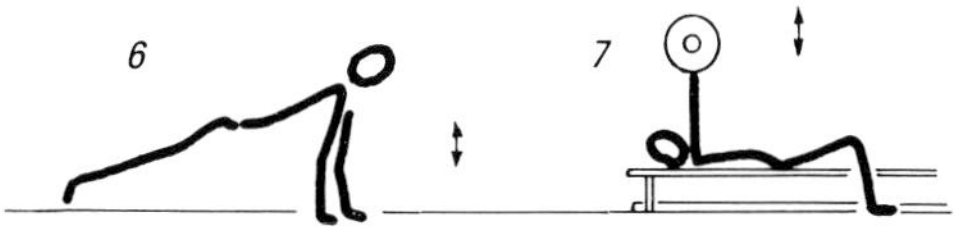

4. Verbesserung der Schnelligkeit und der Beinkraft
Siehe «Sprint» S. 31 und «Weitsprung» S. 58 ff. (Sprungschule)

Der Diskuswurf

Nach griechischem Vorbild
Der Diskobol des Myron, die weltberühmte Marmorstatue aus der griechischen Antike, war das Vorbild für den Diskuswurf im «hellenischen Stil» an den ersten Olympischen Spielen der Neuzeit. Im Wettkampfreglement von 1896 steht folgendes geschrieben: «Der Wurf erfolgt von einem besonderen rechteckigen Stand (Balbis), der 80 cm lang und 70 cm breit ist und dessen Oberfläche nach der Wurfseite abfällt. — Eine Verschiebung der Füße oder ein Heben derselben während des Wurfes ist verboten.» Der Amerikaner Martin Sheridan (siehe Bild) gewann 1904 und 1908 drei Goldmedaillen mit dem 2 kg schweren Diskus: zweimal im «hellenischen Stil» (Standwurf), einmal aber auch im «freien Stil» (1908 mit 40,89 m). Mit der Einführung eines einheitlichen Wurfkreises von 2,50 m Durchmesser (1912) setzte sich der «freie Stil» und damit die Drehtechnik durch.
Seit dem Jahre 708 v. Chr. wurde das Diskuswerfen als Disziplin des Fünfkampfes (Pentathlon) an allen antiken Olympischen Spielen ausgetragen. Die ersten Disken aus geschliffenem Stein weisen auf den eigentlichen Ursprung dieser Wurfübung hin: Mit flachen Steinplatten führten griechische Fischer schon in früherer Zeit spielerische Wettkämpfe durch.
Trotz mehreren Abbildungen und Plastiken gehen auch heute noch die Meinungen über die Wurftechnik in der Antike stark auseinander. Auch Leistungsvergleiche fehlen, da die Wurfscheiben in bezug auf Material, Größe und Gewicht sehr unterschiedlich waren.
Wohl zu allen Zeiten bestach das Diskuswerfen durch seinen eleganten und rhythmischen Bewegungsablauf. Die Kraft allein genügt nicht für eine gute Leistung. Auffallend oft wurden an den modernen Olympischen Spielen Weltrekordhalter und Favoriten durch nervenstarke Außenseiter oder Routiniers geschlagen. Läßt sich vielleicht eine Erklärung dafür in jenem japanischen Sprichwort finden, das sagt: «Je stärker der Körper, desto empfindsamer die Seele»?

Martin Sheridan (USA), Olympiasieger 1904 und 1908 im Diskuswerfen, war auch mehrfacher US-Meister im Kugelstoßen und im Zehnkampf.

Die wichtigsten Wettkampfbestimmungen

Diskusgewicht: Männer 2 kg, Frauen 1 kg; üblich sind für Schüler und Jugendliche auch 1,5 und 1,75 kg.

Die Anlage besteht aus einem Wurfkreis von 2,50 m Durchmesser mit einen 2 cm hohen Rand.

Das Berühren des Bodens außerhalb des Wurfkreises oder der Kreisoberkante zählt als Fehlversuch.

Der Diskus muß innerhalb des Sektors (40°) auftreffen.

Der Werfer hat den Kreis durch die hintere Hälfte aus sicherem Stand zu verlassen.

Anzahl Versuche, Vor- und Endkampf, gleiche Leistung: siehe Kugelstoß (S. 78 f.).

Weltrekorde und Olympiasieger S. 112 ff.

Die Technik eines 17jährigen Schülers

Ausgangsstellung und Anschwung

Schulterbreite Grätschstellung am hinteren Kreisrand, der Rükken zeigt in Wurfrichtung.

Aus einer entspannten Körperhaltung mit leicht gebeugten Knien erfolgt der Anschwung.

Die Drehung

Das Drehbein (beim Rechtswerfer links) wird gleichzeitig mit der Belastung durch das Körpergewicht gebeugt und dreht auf dem Fußballen in Wurfrichtung.

Die Wurfauslage

Das Körpergewicht ruht auf dem gebeugten hinteren Bein (beim Rechtswerfer rechts), das sofort nach dem Aufsetzen auf dem Fußballen weiterdreht (Körperverwringung, d. h. Beckenachse überholt Schulterachse).

Der Wurfarm bleibt hinter der Schulterachse zurück. Das Drehbein wird während des Drehsprungs schnell zum Kreisrand geführt, dort fast gestreckt aufgesetzt (Stemmbein).

Der Rumpf bleibt in der Drehung mehr oder weniger aufrecht (Kopf leicht angehoben, Schulterachse horizontal), der Diskus wird nachgeschleppt.
Das Schwungbein zieht flach nach vorne (in Wurfrichtung), das Drehbein verläßt ohne Kniestreckung den Boden, sobald die Brust in Wurfrichtung zeigt (flacher Drehsprung).
Der Fuß des Schwungbeins wird während des Drehsprungs eingedreht und etwas über der Kreismitte unter dem Körper auf dem Fußballen aufgesetzt.

Der Abwurf
Durch das Aufdrehen der Wurfseite in der Reihenfolge Fuß, Knie, Hüfte, Rumpf wird eine Bogenspannung erreicht.
Die Abwurfstreckung erfolgt durch Beine und Hüfte, der Schwungarm und die freie Körperseite sind fixiert, der Wurfarm ist beim Abwurf in Verlängerung der Schulterachse.
Nachdem der Diskus die Hand verlassen hat (über den Zeigefinger), erfolgt der *Umsprung* auf den anderen Fuß.

Fragen zur Technik

Wie wird der Diskus gehalten?

Der Diskusrand wird mit den Endgliedern der gespreizten Finger umfaßt, der Daumen liegt auf dem Diskus. Während der Drehung und beim Abwurf verhindert die Fliehkraft das Herunterfallen des am Unterarm anliegenden Geräts.

Wie erreicht der Diskus eine stabile Fluglage?

Damit der Diskus ruhig fliegt, erhält er beim Abwurf durch den Zeigefinger einen Drehimpuls. Bei Rechtswerfern dreht sich der Diskus um die eigene Achse im Uhrzeigersinn, bei Linkswerfern im Gegenuhrzeigersinn.

So lernt man den Diskuswurf

Diskusgewöhnungsübungen

Pendeln des entspannten Wurfarms an der Körperseite, der Diskus steht senkrecht auf den letzten Fingergliedern.

Leichtes Hochwerfen mit Abrollen des Diskus über den Zeigefinger und Auffangen mit der Wurfhand.

Im Vorpendeln den Diskus senkrecht, d. h. geradeaus, auf den Boden abrollen (verschiedene Spiel- und Wettkampfformen).

Nach dem Vorpendeln den Diskus hochwerfen und fallen lassen (senkrechtes Einstecken im weichen Boden).

Gleiche Übung aus der Vorschrittstellung (Rechtswerfer linkes Bein vorn).

Für jede der folgenden Übungsformen empfiehlt sich ein schrittweises Vorgehen:

1. Ausführung *ohne Gerät* (Imitationsübung)
2. Mit einem *Hilfsgerät* (Wurfring, kurzgefaßter Schleuderball, Schlaufendiskus) oder gegen einen *Widerstand* (Veloschlauch, Partner)
3. Ausführung mit dem *Diskus* (zuerst leichtes Gerät)

Seitlicher Standwurf
Ausgangsstellung ist die etwa drei Fußlängen weite Seitgrätschstellung in Wurfrichtung; der hintere Fuß zeigt in einem Winkel von etwa 45° nach hinten, der Fuß des Stemmbeines ist um 45° nach vorne gedreht. Das Körpergewicht ruht ganz auf dem gebeugten hinteren Bein (bei Rechtswerfern rechts). Der Wurfarm mit dem Diskus pendelt senkrecht auf der Wurfseite (Fuß- und Körperstellung gleich wie beim seitlichen Standstoß im Kugelstoßen, vgl. Skizze S. 83). Nach dem Rückpendeln beginnt das Eindrehen des hinteren Fußes und das Vordrücken der Hüfte. Nacheinander folgen Bein-, Rumpf- und Armeinsatz, während der Wurfarm weit weg vom Körper (langer Radius) bis auf Höhe der Schulterachse geführt wird; ohne Umsprung nach dem Abwurf.

Standwurf aus der Wurfauslage
Zur oben beschriebenen seitlichen Wurfauslage kommt ein Zurückdrehen des Oberkörpers, bis die Schulterachse rechtwinklig zur Wurfrichtung steht. In der Regel erfolgt auch bei dieser Übung kein Umsprung nach dem Wurf.

Wurf aus der 4/4-Drehung
Als Vorbereitung dienen Übungen zur Drehgewandtheit (siehe folgende Seite).
Blick in Wurfrichtung, kleiner Vorschritt mit dem Drehbein (beim Rechtswerfer links) und Abstoß aus dem Fußgelenk. Das Schwungbein zieht flach nach vorne (Raumgewinn) und setzt auf dem sofort weiterdrehenden Fuß auf (Ballendrehung), während das Drehbein gleichzeitig in Wurfrichtung aufsetzt (Stemmbein). – Es empfiehlt sich, in der Wurfauslage zuerst einen Kontrollhalt auszuführen und erst mit der nötigen Sicherheit (Gleichgewicht) ohne Bewegungsunterbruch zu werfen.

Wurf aus der 5/4-Drehung
Ausgangsstellung ist eine leichte Seitgrätschstellung in Wurfrichtung. Nach dem Anschwung, mit vollständiger Rückführung des Wurfarms, dreht der Drehfuß (beim Rechtswerfer links) auf dem Ballen um 90° in Wurfrichtung. Das Körpergewicht verla-

gert sich auf das Drehbein. Drehung, Wurfauslage und Abwurf sind gleich wie beim Wurf aus der 4/4-Drehung.

Wurf aus der 1 1/2-Drehung
Nach der Drehung erfolgt aus der korrekten Wurfauslage ohne Bewegungsunterbruch die Abwurfbewegung. Die Gesamtbewegung (Technik), wie sie auf Seite 88 f. dargestellt und beschrieben ist, wird relativ langsam begonnen, damit der Diskus bis zum Wegflug beschleunigt werden kann.

Die Fußstellungen beim Wurf aus der 4/4-, 5/4- und 1 1/2-Drehung (Zeichnung für Rechtswerfer)

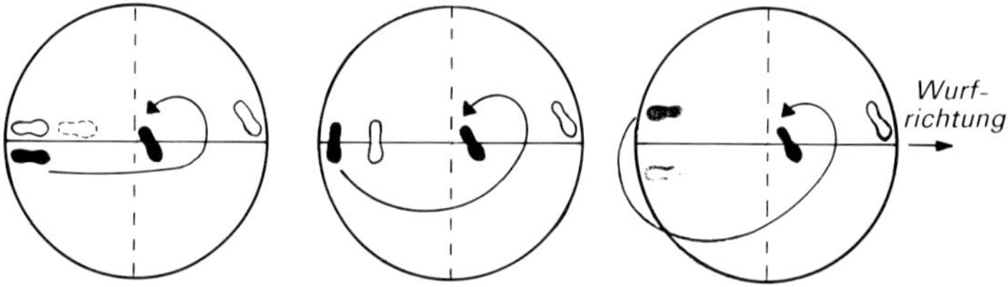

4/4-Drehung mit Vorschritt (Blickrichtung zu Beginn→)

5/4-Drehung (Blickrichtung zu Beginn↓)

1 1/2-Drehung (Blickrichtung zu Beginn ←)

Übungen zur konditionellen Vorbereitung

1. Verbesserung der Dreh- und Wurfgewandtheit (Schleuderwurf, Schockwurf)
Strecksprünge mit halben und ganzen Drehungen um die Längsachse: aus Stand / mit Anlauf
Fortgesetzte Drehsprünge auf einer Linie: Absprung links – halbe Drehung und Landung rechts – weiterdrehen und Absprung links usw., auch gegengleich (1)
Bodenturnen (Pirouette, Standwaage, Rolle, Rad)
Weit- und Zielwürfe mit Steinen, Wurfringen, kurzgefaßten Schleuderbällen: aus Stand (2) / mit Drehung / Spielformen, Wettkämpfe

1

2

2. Verbesserung der Beweglichkeit und der Rumpfkraft
Alle Arten des Rumpfdrehens und -kreisens, mit und ohne Belastung (3)
Ausfallschritt, Armseitschwingen über vorgestelltes Bein (4)
Rückenlage, Rumpf halbhoch heben: Rumpfdrehen (5)

3

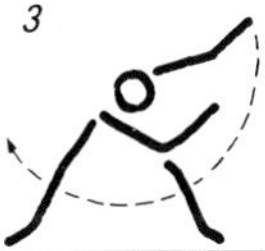

4

5

3. Verbesserung der Wurfkraft
Schockwürfe mit Medizinbällen, Kugelhanteln oder Rundhölzern (6): aus dem Stand / aus der Schrittstellung / aus dem Kniestand / im Sitzen
Bankdrücken (siehe S. 85) mit breitem Griff
«Schmetterling»: Rückenlage auf der Bank, Arme seitwärts senken und heben, mit Belastung (7)

6

7

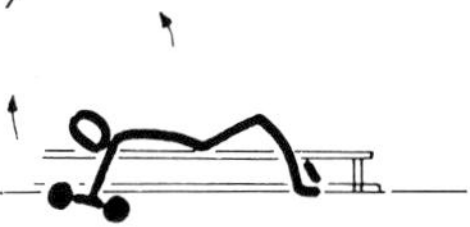

4. Verbesserung der Schnelligkeit und der Beinkraft
Siehe «Sprint» S. 31 und «Weitsprung» S. 58 ff. (Sprungschule)

Der Speerwurf

Über 100 m mit der Drehtechnik

Der Speer als Kriegs- und Jagdwaffe ist aus frühester Zeit bekannt. Von mehreren Naturvölkern weiß man, daß sie mit Würfen auf feste und bewegliche Ziele eine geradezu unheimliche Wurffertigkeit erlangten. Als sportliche Übung wurde der Speerwurf erstmals im antiken Griechenland als Disziplin des Fünfkampfes (Pentathlon) ausgeführt. Ob es sich dabei um einen Ziel- oder Weitwurf gehandelt hat, ist nicht überliefert.

An den vierten Olympischen Spielen der Neuzeit (1908) gelangte der Speerwurf zum erstenmal als Olympiadisziplin zur Austragung. Es gab zunächst zwei Stilarten: Den «freien Stil» und den Wurf «mit Mittelgriff». Beim «freien Stil» lag das Ende des 800 Gramm wiegenden Speeres auf den Fingerspitzen der Wurfhand auf, während die andere Hand den Schaft abstützte.

Olympiasieger 1908 und 1912 wurde der legendäre Schwede Erik Lemming (Bild S. 98). Mit ihm begann der Zweikampf zwischen Schweden und Finnen um die Vorherrschaft im Speerwurf. Mehr als 40 Jahre lang hielten Skandinavier den Weltrekord und stellten — mit Ausnahme der Olympischen Spiele 1936 — alle Olympiasieger von 1908 bis 1948.

Im Jahre 1953 sorgte der Spanier Erasquin mit seiner «Rotationstechnik» für Schlagzeilen: Er fasste den Speer am hinteren Ende und warf ihn nach mehreren Körperumdrehungen weg. Würfe von über 100 m waren die Folge — aber mit einer großen «Streuung» im Zielbereich! Rasch wurde der lebensgefährliche Drehwurf verboten — zum Glück für Athleten, Kampfrichter und Zuschauer, die sich weiterhin auf den ersten regulären 100-m-Wurf freuen dürfen.

Die wichtigsten Wettkampfbestimmungen

Speergewicht: Männer 800 g, Frauen 600 g; üblich sind für Schüler der 80-g-Schlagball, für Jugendliche die Wurfbälle 200 g/400 g und der 400-g-Speer.

Der Speer wird am Kordelgriff gefaßt und darf nicht aus einer Körperdrehung geworfen werden.

Tessa Sanderson (Großbritannien)

Das Berühren oder Überschreiten des Abwurfbogens zählt als Fehlversuch.
Der Speer muß innerhalb des Sektors (ca. 29°) mit der Spitze vor dem Schaft den Boden berühren.
Anzahl Versuche, Vor- und Endkampf, gleiche Leistung: siehe Kugelstoß (S. 78 f.).
Weltrekorde und Olympiasieger S. 112 ff.

Die Technik eines 17jährigen Schülers

Der Anlauf

Der Anlauf ist ein geradliniger Steigerungslauf von 8 bis 12 Laufschritten (Anfänger 4 bis 8 Laufschritte).
Die Anlaufgeschwindigkeit muß eine weitere Steigerung im 5-Schritt-Rhythmus zulassen.
Der Speer wird über der Wurfschulter, ungefähr in Kopfhöhe und etwa horizontal, getragen.

Der schnell, aktiv und flach ausgeführte *Impulsschritt* (Schritt 4) führt zu einer zunehmenden Körperrücklage und Verwringung zwischen Becken- und Schulterachse, die Füße bleiben dabei in Anlaufrichtung, der Körper kommt in Wurfauslage.
Der *Stemmschritt* (Schritt 5) bereitet den Abwurf vor: Hauptmerkmal ist die Körpervorspannung (Bogenspannung), der Speer bleibt zurück, die Wurfhand befindet sich auf Schulter-

Der 5-Schritt-Rhythmus (vgl. die grafische Darstellung S. 99)
Der 5-Schritt-Rhythmus beginnt ohne Bewegungsunterbruch beim Erreichen der Zwischenmarke mit dem Stemmbein (bei Rechtswerfern links).
Nach der Zwischenmarke wird auf die Schritte 2 und 3 (gezählt wird 1-2-3) der Speer geradlinig zurückgeführt (schwedische Speerrückführung: Wurfarm horizontal gestreckt, Handfläche nach oben, Speerspitze auf Augenhöhe).

höhe, Brust und Hüfte drängen nach vorn, das Stemmbein ist möglichst gestreckt, der freie Arm wird rumpfnah fixiert.
Der *Abwurf* ist ein über der Wurfschulter ausgeführter, durch die sogenannte «Rumpfschleuder» unterstützter Schlagwurf (Ellbogen überholt Wurfhand, «Peitschenschlag»).
Der *Abflugwinkel* des Speers beträgt etwa 36°.
Der *Umsprung* auf den anderen Fuß (Abfangen) bremst den Körper ab und verhindert das Übertreten.

Erik Lemming (Schweden) warf 1912 als erster den Speer über 60 m.

Fragen zur Technik

Wie wird der Speer gehalten?

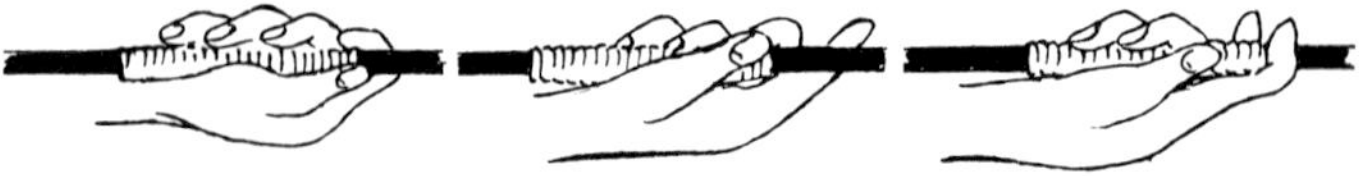

Zeigefingergriff
Griff mit Daumen und Zeigefinger hinter der Umwicklung (Kordelgriff). Diese Griffart ermöglicht eine korrekte und sichere Speerführung.

Mittelfingergriff
Griff mit Daumen und Mittelfinger hinter der Umwicklung. Der fortgeschrittene Werfer korrigiert mit dem anliegenden Zeigefinger die Speerführung.

Zangengriff
Der Speer wird zwischen Zeige- und Mittelfinger eingeklemmt. Der unstabile «Gesundheitsgriff» soll nur bei Gefährdung oder Verletzung des Ellbogens gewählt werden.

Wie zählt man beim 5-Schritt-Rhythmus?

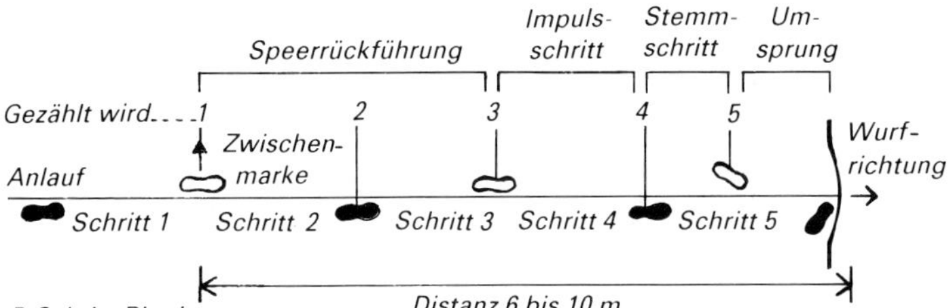

5-Schritt-Rhythmus
(Beispiel für Rechtswerfer)

Welche Hilfsmittel eignen sich für die Wurfschulung?

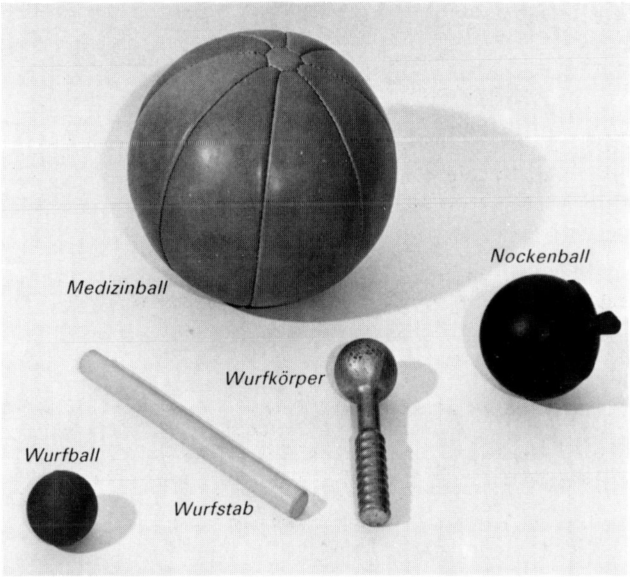

So lernt man den Speerwurf

Speergewöhnungsübungen siehe S. 102.

Für jede der folgenden Übungsformen empfiehlt sich ein schrittweises Vorgehen:

1. Ausführung *ohne Gerät* (Imitationsübung)
2. Mit einem *Hilfsgerät* (Stein, Ball, Wurfstab) oder gegen einen Widerstand (Veloschlauch, Partner)
3. Ausführung mit dem *Speer* (vom Übungsspeer zum Wettkampfgerät)

Standwurf aus frontaler Wurfauslage

In der Vorschrittstellung (Stemmbein vorne, Auslage etwa drei Fußlängen) das hintere Bein leicht beugen und den Oberkörper ohne Rotation etwas zurückneigen. Die Wurfhand wird hinter den Kopf geführt (Ellbogen neben dem Kopf) und die Hüfte nach vorn gedrückt. – Nacheinander folgen Bein-, Rumpf- und Armeinsatz (Schlagwurf) bei gestrecktem Stemmbein.

Standwurf aus seitlicher Wurfauslage

Ausgangsstellung ist die etwa drei Fußlängen weite Seitgrätschstellung in Wurfrichtung (Füße parallel, etwa 45° nach vorne gedreht). Das Körpergewicht ruht überwiegend auf dem leicht gebeugten hinteren Bein; der Wurfarm wird in Verlängerung der Schulterachse ausgestreckt, der Blick ist nach vorn gerichtet. – Nach dem Eindrehen des hinteren Fußes und dem Vordrücken der Hüfte folgen nacheinander Bein-, Rumpf- und Armeinsatz (Schlagwurf) bei gestrecktem Stemmbein. Der Bewegungsablauf ist fließend und kann von Fortgeschrittenen auch mit einem Auftakt (Stemmbein geradlinig vorwärts ausgreifend) ausgeführt werden.

Wurf aus dem 3-Schritt-Anlauf

Schon in der Ausgangsstellung (Grundstellung) und im Anlauf zeigt die Schulterachse in Wurfrichtung. Der Wurfarm ist von Anfang an gestreckt und liegt in der Verlängerung der Schulterachse, die Speerspitze befindet sich etwa in Augenhöhe (Blick in Wurfrichtung). Eine gute Körperverwringung wird durch die rechtwinklig zur Schulterachse stehende Beckenachse erreicht,

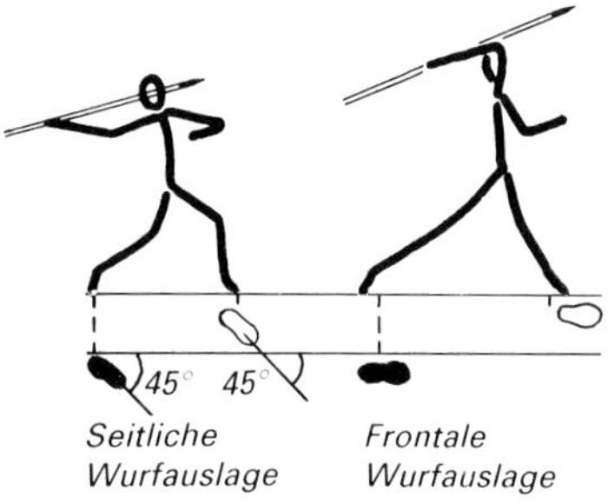

Diese Standwürfe werden ohne Umsprung ausgeführt. Füße in Beckenbreite

unterstützt durch die möglichst in Anlaufrichtung aufsetzenden Füße.
Würfe aus dem 3-Schritt-Anlauf können mit oder ohne Umsprung nach dem Wurf ausgeführt werden (Anfänger: ohne Umsprung).
Ausführung zuerst im Gehen, dann aus dem Traben, mit zunehmender Sicherheit mit einem betont aktiv und flach ausgeführten Impulsschritt (dem Speer vorauslaufen).

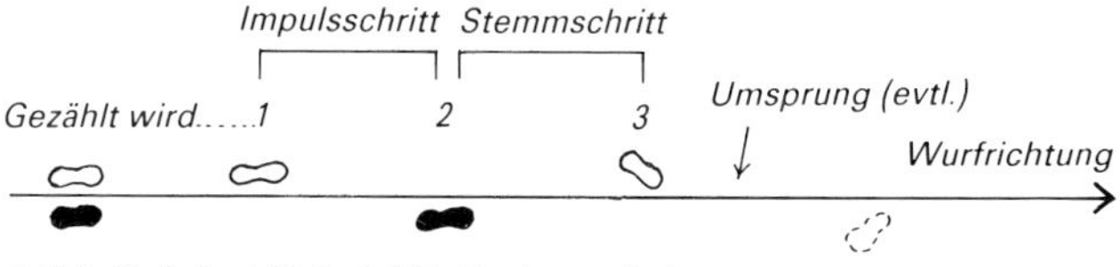

3-Schritt-Anlauf (Beispiel für Rechtswerfer)

Die Speerrückführung (siehe S. 97)
Der Speer wird fortgesetzt zurückgeführt: zunächst auf zwei Gehschritte (mit gestrecktem Arm noch zwei bis vier Schritte weitergehen), später auf zwei Laufschritte (mit gestrecktem Arm noch vier bis sechs Schritte weiterlaufen). Dabei bleibt die Wurfhand in Schulterhöhe.

Anlauf, 5-Schritt-Rhythmus und Wurf
Die auf Seite 96 f. dargestellte und beschriebene Technik wird zuerst im Gehen mit verkürztem Anlauf geübt, mit zunehmender Sicherheit mit einer Beschleunigung im 5-Schritt-Rhythmus (größte Geschwindigkeit am Schluß). Die Schritte werden vorerst laut, später in Gedanken mitgezählt. Die Länge des wettkampfmäßigen Anlaufs wird genau ausgemessen und mit Kontrollmarken festgehalten.

Übungen zur konditionellen Vorbereitung
1. Verbesserung der Wurfgewandtheit (Schlagwurf)
Weitwürfe mit Steinen, Bällen oder Wurfstäben: aus Stand / mit 3-Schritt-Anlauf (1)
Überwerfen von Bäumen, Drähten oder Gebäuden: verschiedene Gegenstände / auf Höhe / auf Weite
Zielwürfe mit Wurfbällen, ein- oder beidarmig: auf feste und bewegliche Ziele / Spielformen, Wettkämpfe
Zielwürfe zur Speergewöhnung, ein- oder beidarmig: aus Stand / mit 3-Schritt-Anlauf / auf Reifen / auf Zeitungen / in Zonen / gegen den Hang

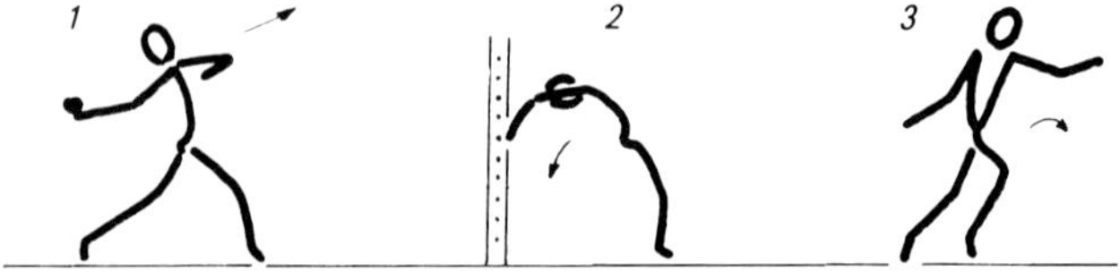

2. Verbesserung der Beweglichkeit
Armkreisen in allen Variationen: ohne Gerät / mit Kleingeräten / mit beidhändig gefaßtem Speer
Rückbeugen aus Stand: gegen eine Wand in die Brücke (2)
Hürdengymnastik und -lauf / Ringturnen / Bodenturnen
Rumpf- und Hüftkreisen / Lauf seitwärts mit Beinüberkreuzen (3)

3. Verbesserung der Wurf- und Rumpfkraft

Medizinballwürfe: aus dem Stand (4) / aus der Schrittstellung (5) / aus dem Kniestand (6) / im Sitzen (7)
Wurfbewegung mit Widerstand (Veloschlauch, Partner) (8)
Rumpfheben aus der Bauchlage
Rückenlage auf der Bank, Arme in Hochhalte: Hantel rückwärts senken und vorwärts hochziehen (9)

4

5

6

7

8

9

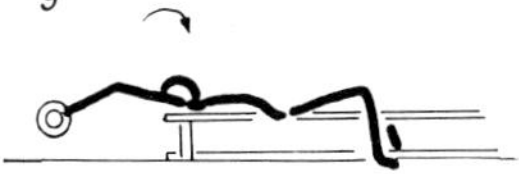

4. Verbesserung der Schnelligkeit und der Beinkraft

Siehe «Sprint» S. 31 und «Weitsprung» S. 58 ff. (Sprungschule)

Der Hammerwurf

Sagenumwoben und anspruchsvoll

Das Hammerwerfen ist eine der sagenumwobensten Leichtathletikdisziplinen. Die Geschichtsschreiber des Altertums berichten vom Werfen mit Wagenrädern, die an einer festen Achse gehalten wurden. Später kamen Stein- oder Eisenhämmer zur Anwendung. König Heinrich von England (1491 bis 1547) vergnügte sich bei sportlichen Übungen mit dem Schmiedehammer. An den schottischen Highland-Games wird heute noch der Stielhammer (mit rundem Kopf) als Wurfgerät verwendet.

Im Jahre 1912 wurden die Maße für den «Hammer», jetzt in Form einer an einem Stahldraht befestigten Kugel, und für den Wurfkreis genau festgelegt. Ende des 19. Jahrhunderts warf ein irischer Athlet den Hammer erstmals mit drei Körperdrehungen, doch entwickelten erst die erfolgreichen deutschen Hammerwerfer der dreißiger Jahre die «Hacke-Ballen-Drehung» (Fußabwicklung von der Ferse über die Außenkante des Fußes auf den Fußballen).

Ohne Zweifel ist das Hammerwerfen einer der schwierigsten Bewegungsabläufe in der Leichtathletik. An dieser Stelle seien daher nur einige wichtige Elemente der Technik erwähnt (vgl. Bildreihe auf der folgenden Doppelseite):

In der Regel werden drei Drehungen ausgeführt (siehe Skizze); kleinere Athleten werfen oft auch mit vier Drehungen.

Das Becken und die Beine laufen in den Drehungen dem Hammer voraus, d. h., der Hammer wird mit gestreckten Armen nachgeschleppt (Bilder 1 bis 9).

Von Beginn bis Abwurf nimmt die Drehgeschwindigkeit zu.

Der Abwurf wird durch die Beinstreckung unterstützt (Bilder 10 bis 12).

Die Bildreihe zeigt nur die letzte Drehung und den Abwurf.

Griffhaltung (Beschreibung für Rechtswerfer)

Der Hammergriff wird auf die zweiten Fingerglieder der linken Hand gelegt. Die rechte Hand umschließt die linke von der anderen Seite. Zum Schutz der Finger wird an der linken Hand

Fußspur der 3 Drehungen

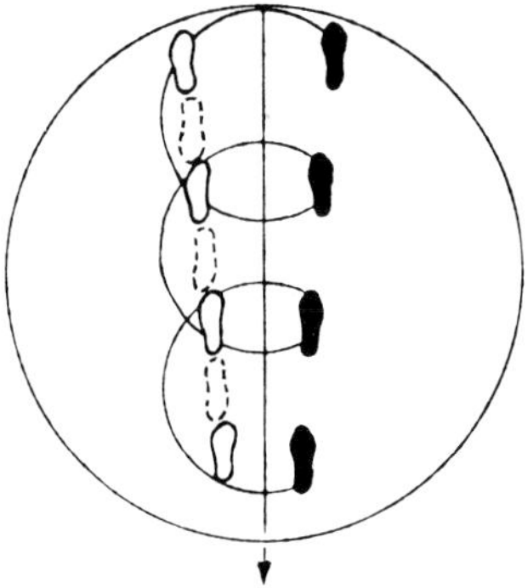

Wurfrichtung

Die Griffhaltung

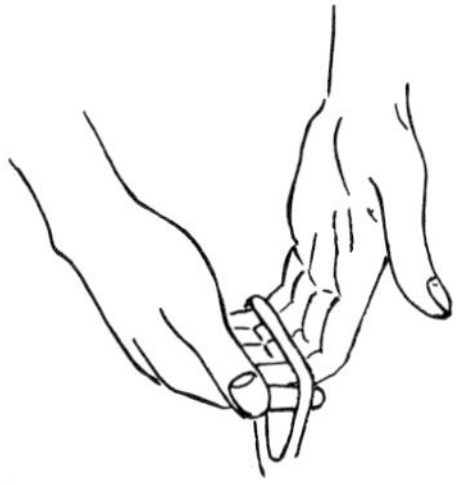

meist ein Handschuh getragen. Bei Handschuhen, die im Wettkampf getragen werden, müssen die Fingerspitzen sichtbar sein.

Die wichtigsten Wettkampfbestimmungen
Hammerlänge (komplett) höchstens 121,5 cm, Hammergewicht (inkl. Stahldraht und Griff) mindestens 7,260 kg; üblich sind für Schüler und Jugendliche auch 5- und 6,250-kg-Hämmer bei gleicher Länge.
Die Anlage besteht aus einem Wurfkreis von 2,135 m Durchmesser mit einem 2 cm hohen Rand.
Die einmalige Unterbrechung eines begonnenen Versuches sowie das Aufschlagen des Hammers auf dem Boden bei Fortsetzung des Wurfes ist erlaubt.
Der Hammer muß innerhalb des Sektors (40°) auftreffen.
Die übrigen Vorschriften sind gleich wie beim Diskuswurf (siehe S. 87).
Weltrekorde und Olympiasieger S. 112 ff.

1

2

3

7

8

9

4

5

6

10

11

12

Rahmentrainingsplan für das Grundlagentraining

Dieser Rahmentrainingsplan ist eine Richtlinie für die ersten 3 bis 5 Jahre des Trainingsaufbaus (beachten Sie die Hinweise auf Seite 13 ff.).
Die Programme gelten für eine Trainingswoche, Umstellungen sind aber möglich. Mit verbesserter Leistungsfähigkeit müssen die Trainingsmethoden und Trainingsmittel dem aktuellen Trainingsstand angepaßt werden.

1. Vorbereitungsperiode (November bis Mai)
a) Wintertraining (November bis März)
mit 4 Trainingstagen pro Woche

Erster Tag
20 Min. Einlaufen
Teil 1: Gehen, Laufen und Hüpfen, allgemeine Gymnastik
Teil 2: Dehnung und Kräftigung aller Körperpartien
10 Min. Reaktions- und Schnelligkeitsübungen (S. 22 f.)
30 Min. Sprungschule (S. 58 ff.)
Zwischen den Sprungserien:
Medizinballwürfe auf verschiedene Arten (S. 103)
20 Min. Spiel
10 Min. Auslaufen

Zweiter Tag
20 Min. Einlaufen
Teil 1: Aufwärmen mit Seil oder Ball, allgemeine Gymnastik
Teil 2: Hürdengymnastik (S. 43 f.)
10 Min. Hürden: Rhythmusschulung
30 Min. Wurfgewandtheit, Grundübungen einer Wurfdisziplin
20 Min. Dauerlauf auf Rasen oder Bahn (S. 35)
10 Min. Auslaufen

Dritter Tag

20 Min. Einlaufen
Teil 1: Aufwärmen mit Spiel, allgemeine Gymnastik
Teil 2: Sprinttechnik (S. 28 f.)

30 Min. Sprunggewandtheit, Grundübungen einer Sprungdisziplin

30 Min. Circuittraining als allgemeines Krafttraining (S. 15)

10 Min. Auslaufen

Vierter Tag

60 Min. Ausdauertraining im Gelände (S. 35)
Beispiele: Dauerlauf, Fahrtspiel

b) Vorwettkampftraining (April/Mai)
mit 4 Trainingstagen pro Woche

Erster Tag

20 Min. Einlaufen
Teil 1: Gehen, Laufen und Hüpfen, allgemeine Gymnastik
Teil 2: Steigerungsläufe (S. 29)

10 Min. Hürdengymnastik (S. 43 f.)

30 Min. Technische Schulung des Hürdenlaufs

20 Min. Allgemeines Krafttraining (S. 14 f.)

10 Min. Auslaufen

Zweiter Tag

20 Min. Einlaufen
Teil 1: Aufwärmen mit Seil oder Ball, Gymnastik für die Würfe
Teil 2: Sprungübungen: Mehrfachsprünge (S. 58 ff.)

40 Min. Technische Schulung der Würfe

20 Min. Spiel

10 Min. Auslaufen

Dritter Tag

60 Min. Ausdauertraining im Gelände, auf Rasen oder Bahn (S. 35)
Beispiele: Fahrtspiel, 3-Min.-Läufe, Hügelläufe

Vierter Tag
20 Min. Einlaufen
Teil 1: Aufwärmen mit Spiel, Gymnastik für die Sprünge
Teil 2: Sprinttechnik (S. 28 f.)
40 Min. Technische Schulung der Sprünge oder des Tiefstarts
20 Min. Wurfübungen mit Medizinball (S. 103) oder Kugel (S. 84 f.)
10 Min. Auslaufen

Aufbauwettkämpfe
Am gleichen Anlaß soll in mehreren Disziplinen gestartet werden.

2. Wettkampfperiode (Juni bis September)
mit 3 Trainingstagen pro Woche

Erster Tag
20 Min. Einlaufen
Teil 1: Aufwärmen mit Spiel
Teil 2: Spezielle Gymnastik
40 Min. Wahldisziplin(en):
Technische Schulung und Fehlerkorrektur (als Wettkampfvorbereitung oder -auswertung)
20 Min. Ausdauertraining auf Rasen oder Bahn (S. 35 f.)
10 Min. Auslaufen

Zweiter Tag
20 Min. Einlaufen
Teil 1: Gehen, Laufen und Hüpfen, allgemeine Gymnastik
Teil 2: Steigerungsläufe (S. 29)
40 Min. Training der Würfe und Sprünge
20 Min. Sprungschule (S. 58 ff.)
10 Min. Auslaufen

Dritter Tag

20 Min. Einlaufen
Teil 1: Gehen, Laufen und Hüpfen, allgemeine Gymnastik
Teil 2: Hürdengymnastik (S. 43 f.)

40 Min. Training von Tiefstart und Sprint bzw. Hürdenlauf

20 Min. Spiel

10 Min. Auslaufen (vor einem Wettkampf: Verzicht auf Spiel, 30 Min. Auslaufen)

Wettkämpfe

Als Hauptwettkämpfe stehen Mehrkämpfe (Drei-, Vier- oder Fünfkampf) im Vordergrund

3. Übergangsperiode (Oktober)

Aktive Erholung durch leichte und lustbetonte körperliche Betätigung (Spielen, Schwimmen, Wandern und andere sportliche Abwechslungen).

Leichtathletik-Weltrekorde

(Stand 20. Mai 1980)

Männer

100 m: 9,95 Jim Hines (USA) Mexico City 14. 10. 1968
200 m: 19,72 Pietro Mennea (Ita) Mexico City 12. 9. 1979
400 m: 43,86 Lee Evans (USA) Mexico City 18. 10. 1968
800 m: 1:42,33 Sebastian Coe (GB) Oslo 5. 7. 1979
1000 m: 2:13,9 Rick Wohlhuter (USA) Oslo 30. 7. 1974
1500 m: 3:32,03 Sebastian Coe (GB) Zürich 15. 8. 1979
1 Meile (1609,35 m): 3:48,95 Sebastian Coe (GB) Oslo 17. 7. 1979
2000 m: 4:51,4 John Walker (N/Z) Oslo 30. 6. 1976
3000 m: 7:32,1 Henry Rono (Ken) Oslo 27. 6. 1978
5000 m: 13:08,4 Henry Rono (Ken) Berkeley 8. 4. 1978
10 000 m: 27:22,4 Henry Rono (Ken) Wien 11. 6. 1978
20 000 m: 57:24,2 Jos Hermens (Ned) Papendal 1. 5. 1976
1 Stunde: 20 944 m Jos Hermens (Ned) Papendal 1. 5. 1976
25 000 m: 1:14:11,8 William Rodgers (USA) Saratoga 21. 2. 1979
30 000 m: 1:31:30,4 Jim Alder (GB) London 5. 9. 1970
110 m Hürden: 13,00 Renaldo Nehemiah (USA) Westwood 6. 5. 1979
400 m Hürden: 47,45 Edwin Moses (USA) Westwood 11. 6. 1977
3000 m Steeple: 8:05,4 Henry Rono (Ken) Seattle 13. 5. 1978
4mal 100 m: 38,03 USA (Collins, Riddick, Wiley, Williams) Düsseldorf 3. 9. 1977
4mal 400 m: 2:56,11 USA (Matthews, Freeman, James, Evans) Mexico City 20. 10. 1968
Weit: 8,90 Bob Beamon (USA) Mexico City 18. 10. 1968
Drei: 17,89 Joao Carlos de Oliveira (Bra) Mexico City 15. 10. 1975
Hoch: 2,34 Wladimir Jaschtschenko (SU) Tiflis 16. 6. 1978
Stab: 5,72 Wladyslaw Kozakiewicz (Pol) Mailand 11. 5. 1980
Kugel: 22,15 Udo Beyer (DDR) Göteborg 6. 7. 1978
Diskus: 71,16 Wolfgang Schmidt (DDR) Berlin-Ost 9. 8. 1978
Speer: 96,72 Ferenc Paragi (Un) Tata 23. 4. 1980
Hammer: 80,64 Juri Sedych (SU) Sotschi 16. 5. 1980
Zehnkampf: 8622 Daley Thompson (GB) Götzis 17./18. 5. 1980

Frauen

100 m: 10,88 Marlies Göhr (DDR) Dresden 1. 7. 1977
200 m: 21,71 Marita Koch (DDR) Karl-Marx-Stadt 10. 6. 1979
400 m: 48,60 Marita Koch (DDR) Turin 4. 8. 1979
800 m: 1:54,94 Tatjana Kasankina (SU) Montreal 26. 7. 1976

1500 m: 3:56,0 Tatjana Kasankina (SU) Podolsk 28. 6. 1976
1 Meile (1609,35 m): 4.21,7 Mary Decker (USA) Auckland 26. 1. 1980
3000 m: 8:27,12 Ludmila Bragina (SU) College Park 7. 8. 1976
100 m Hürden: 12,48 Grazyna Rabsztyn (Pol) Fürth 10. 6. 1978
400 m Hürden: 54,28 Karin Rossley (DDR) Cottbus 17. 5. 1980
4mal 100 m: 42,09 DDR (Brehmer, Schneider, Auerswald, Göhr) Turin 4. 8. 1979
4mal 400 m. 3:19,23 DDR (Maletzki, Rohde, Streidt, Brehmer) Montreal 31. 7. 1976
Weit: 7,09 Wilma Bardauskiene (SU) Prag 29. 8. 1978
Hoch: 2,01 Sara Simeoni (Ita) Brescia 4. 8. 1978 und Prag 31. 8. 1978
Kugel: 22,45 Ilona Slupianek (DDR) Potsdam 11. 5. 1980
Diskus: 71,50 Evelin Jahl (DDR) Potsdam 10. 5. 1980
Speer: 69,96 Ruth Fuchs (DDR) Split 29. 4. 1980
Fünfkampf: 4839 Nadeschda Tkatschenko (SU) Lille 18. 9. 1977

Notizen

Leichtathletik-Europarekorde
(Stand 20. Mai 1980)

Männer (in allen nicht aufgeführten Disziplinen ist der Weltrekord zugleich Europarekord)
100 m: 10,01 Pietro Mennea (Ita) Mexico City 4. 9. 1979
400 m: 44,70 Karl Honz (BRD) München 21. 7. 1972
1000 m: 2:15,5 Ivo van Damme (Bel) Namur 14. 7. 1976
2000 m: 4:56,2 Michel Jazy (Fra) Saint-Maur 12. 10. 1966
3000 m: 7:35,2 Brendan Foster (GB) Gateshead 3. 8. 1974
5000 m: 13:13,0 Emiel Puttemans (Bel) Brüssel 20. 9. 1972
10 000 m: 27:30,3 Brendan Foster (GB) London 23. 6. 1978
25 000 m: 1:14:16,8 Pekka Päivärinta (Fin) Oulu 15. 5. 1975
110 m Hürden: 13,28 Guy Drut (Fra) Saint-Etienne 29. 6. 1975
400 m Hürden: 47,85 Harald Schmid (BRD) Turin 4. 8. 1979
3000 m Steeple: 8:08,02 Anders Gärderud (Swe) Montreal 28. 7. 1976
Weit: 8,45 Nenad Stekic (Jug) Montreal 25. 7. 1975
Drei: 17,44 Viktor Sanejew (SU) Suchumi 17. 10. 1972
4mal 100 m: 38,42 Frankreich (Fenouil, Delecour, Piquemal, Bambuck) und Italien (Lazzer, Caravani, Grazioli, Mennea) Mexico City 20. 10. 1968 und Mexico City 13. 9. 1979
4mal 400 m: 3:00,5 BRD (Müller, Kinder, Hennige, Jellinghaus), Polen (Gredzinski, Balachowski, Werner, Badenski) und Großbritannien (Reynolds, Pascoe, Hemery, Jenkins) Mexico City 20. 10. 1968, Mexico City 20. 10. 1968 und München 10. 9. 1972

Frauen
1 Meile (1609,35 m) 4.22,1 Natalia Marasescu (Rum) Auckland 27. 1. 1979
(Übrige Europarekorde siehe Weltrekorde)

Weltrekordentwicklung und Olympiasieger

Es werden die ersten vom Internationalen Leichtathletik-Verband (IAAF) anerkannten Weltrekorde verzeichnet sowie die jeweils am Ende der Jahre 1930, 1940, 1950, 1960 und 1970 gültigen Weltrekorde. Ebenso sind die Sieger an den letzten sieben Olympischen Spielen aufgeführt: 1952 Helsinki, 1956 Melbourne, 1960 Rom, 1964 Tokio, 1968 Mexiko, 1972 München, 1976 Montreal.

100 m Männer

Weltrekorde

10,6	Donald Lippincott (USA)	1912
10,3	Percy Williams (Kan)	1930
10,2	Jesse Owens (USA)	1940
10,2	Harold Davis (USA)	1950
10,2	Lloyd La Beach (Pan)	
10,2	Norwood Ewell (USA)	
10,0	Armin Hary (De)	1960
10,0	Harry Jerome (Kan)	
9,95	Jim Hines (USA)	1970

Olympiasieger

10,4	Lindy Remigino (USA)	1952
10,5	Bobby Morrow (USA)	1956
10,2	Armin Hary (De)	1960
10,0	Robert Hayes (USA)	1964
9,9	Jim Hines (USA)	1968
10,14	Waleri Borsow (SU)	1972
10,06	Hasely Crawford (Tri)	1976

100 m Frauen

Weltrekorde

13,6	Marie Mejzlikova (CS)	1922
12,0	Myrtle Cook (Kan)	1930
12,0	Tollien Schuurman(Ned)	
11,6	Stanislawa Walasiewic (Pol)	1940
11,5	Francina Blankers (Ned)	1950
11,3	Shirley Strickland (Aus)	1960
11,3	Vera Krepkina (SU)	
11,3	Wilma Rudolph (USA)	
11,0	Wyomia Tyus (USA)	1970
11,0	Chi Cheng (Tai)	
11,0	Renate Meissner (DDR)	

Olympiasiegerinnen

11,5	Marjorie Jackson (Aus)	1952
11,5	Betty Cuthbert (Aus)	1956
11,0	Wilma Rudolph (USA)	1960
11,4	Wyomia Tyus (USA)	1964
11,0	Wyomia Tyus (USA)	1968
11,07	Renate Stecher (DDR)	1972
11,08	Annegret Richter (De)	1976

200 m Männer

Weltrekorde gerade Bahn

21,6	Archie Hahn (USA)	1904
20,5 y	Roland Locke (USA)	1930
20,3 y	Jesse Owens (USA)	1940
20,2 y	Melvin Patton (USA)	1950
20,0 y	Dave Sime (USA)	1960

volle Kurve (seit 1960)

20,5 y	Peter Radford (GB)	1960
20,5	Stonewall Johnson (USA)	
20,5	Ray Norton (USA)	
20,5	Livio Berruti (Ita)	
19,83	Tommie Smith (USA)	1970

y = 220 yards (201,17 m)

Olympiasieger

20,7	Andrew Stanfield (USA)	1952
20,6	Bobby Morrow (USA)	1956
20,5	Livio Berruti (Ita)	1960
20,3	Henry Carr (USA)	1964
19,8	Tommie Smith (USA)	1968
20,00	Waleri Borsow (SU)	1972
20,23	Donald Quarrie (Jam)	1976

200 m Frauen

Weltrekorde

28,6	Marie Mejzlikova (CS)	1922
24,7	Kinue Hitomi (Jap)	1930
23,6	Stanislawa Walasiewicz (Pol)	1940
23,6	Stanislawa Walasiewicz (Pol)	1950
22,9	Wilma Rudolph (USA)	1960
22,4	Chi Cheng (Tai)	1970

Olympiasiegerinnen

23,7	Marjorie Jackson (Aus)	1952
23,4	Betty Cuthbert (Aus)	1956
24,0	Wilma Rudolph (USA)	1960
23,0	Edith McGuire (USA)	1964
22,5	Irena Szewinska (Pol)	1968
22,40	Renate Stecher (DDR)	1972
22,37	Bärbel Eckert (DDR)	1976

400 m Männer

Weltrekorde

48,2	Charles Reidpath (USA)	1912
47,0	Emerson Spencer (USA)	1930
46,0	Rudolf Harbig (De)	1940
45,8	George Rhoden (Jam)	1950
44,9	Otis Davis (USA)	1960
44,9	Carl Kaufmann (De)	
43,86	Lee Evans (USA)	1970

Olympiasieger

45,9	George Rhoden (Jam)	1952
46,7	Charles Jenkins (USA)	1956
44,9	Otis Davis (USA)	1960
45,1	Michael Larrabee (USA)	1964
43,8	Lee Evans (USA)	1968
44,66	Vincent Matthews (USA)	1972
44,26	Alberto Juantorena (Kub)	1976

400 m Frauen

Weltrekorde

56,3y	Nancy Boyle (Aus)	1957
53,4	Maria Itkina (SU)	1960
51,0	Marilyn Neufville (Jam)	1970

y = 440 yards (402,34 m)

Olympiasiegerinnen

52,0	Betty Cuthbert (Aus)	1964
52,0	Colette Besson (Fra)	1968
51,08	Monika Zehrt (DDR)	1972
49,23	Irena Szewinska (Pol)	1976

800 m Männer

Weltrekorde

1:51,9	James Meredith (USA)	1912
1:50,6	Séraphin Martin (Fra)	1930
1:46,6	Rudolf Harbig (De)	1940
1:46,6	Rudolf Harbig (De)	1950
1:45,7	Roger Moens (Bel)	1960
1:44,3	Peter Snell (N/Z)	1970
1:44,3	Ralph Doubell (Aus)	

Olympiasieger

1:49,2	Malvin Whitfield (USA)	1952
1:47,7	Thomas Courtney (USA)	1956
1:46,3	Peter Snell (N/Z)	1960
1:45,1	Peter Snell (N/Z)	1964

1:44,3	Ralph Doubell (Aus)	1968
1:45,9	David Wottle (USA)	1972
1:43,50	Alberto Juantorena (Kub)	1976

800 m Frauen

Weltrekorde

2:30,4	Georgette Lenoir (Fra)	1922
2:16,8	Lina Radke (De)	1930
2:16,8	Lina Radke (De)	1940
2:13,0	Jewdokija Wassiljewa (SU)	1950
2:04,3	Ludmila Schewzowa (SU)	1960
2:00,5	Vera Nikolic (Jug)	1970

Olympiasiegerinnen

2:04,3	Ludmila Schewzowa (SU)	1960
2:01,1	Ann Packer (GB)	1964
2:00,9	Madeline Manning (USA)	1968
1:58,6	Hildegard Falck (De)	1972
1:54,94	Tatjana Kasankina (SU)	1976

1500 m Männer

Weltrekorde

3:55,8	Abel Kiviat (USA)	1912
3:49,2	Jules Ladoumègue (Fra)	1930
3:47,8	John Lovelock (N/Z)	1940
3:43,0	Gunder Hägg (Swe)	1950
3:43,0	Lennart Strand (Swe)	
3:35,6	Herbert Elliott (Aus)	1960
3:33,1	James Ryun (USA)	1970

Olympiasieger

3:45,2	Joseph Barthel (Lux)	1952
3:41,2	Roland Delany (Irl)	1956
3:35,6	Herbert Elliott (Aus)	1960
3:38,1	Peter Snell (N/Z)	1964
3:34,9	Kipchoge Keino (Ken)	1968
3:36,3	Pekka Vasala (Fin)	1972
3:39,17	John Walker (N/Z)	1976

1500 m Frauen

Weltrekorde

4:15,6	Maria Gommers (Ned)	1967
4:10,7	Jaroslava Jehlickovà (CS)	1970

Olympiasiegerinnen

4:01,4	Ludmila Bragina (SU)	1972
4:05,48	Tatjana Kasankina (SU)	1976

5000 m Männer

Weltrekorde

14:36,6	Hannes Kohlemainen (Fin)	1912
14:28,2	Paavo Nurmi (Fin)	1930
14:08,8	Taisto Mäki (Fin)	1940
13:58,2	Gunder Hägg (Swe)	1950
13:35,0	Wladimir Kuz (SU)	1960
13:16,6	Ron Clarke (Aus)	1970

Olympiasieger

14:06,6	Emil Zàtopek (CS)	1952
13:39,6	Wladimir Kuz (SU)	1956
13:43,4	Murray Halberg (N/Z)	1960
13:48,8	Robert Schul (USA)	1964
14:05,0	Mohamed Gammoudi (Tun)	1968
13:26,4	Lasse Viren (Fin)	1972
13:24,73	Lasse Viren (Fin)	1976

10 000 m Männer

Weltrekorde

30:58,8	Jean Bouin (Fra)	1911
30:06,2	Paavo Nurmi (Fin)	1930
29:52,6	Taisto Mäki (Fin)	1940
29:02,6	Emil Zàtopek (CS)	1950
28:18,8	Pjotr Bolotnikow (SU)	1960
27:39,4	Ron Clarke (Aus)	1970

Olympiasieger

29:17,0	Emil Zàtopek (CS)	1952
28:45,6	Wladimir Kuz (SU)	1956
28:32,2	Pjotr Bolotnikow (SU)	1960
28:24,4	William Mills (USA)	1964
29:27,4	Naftali Temu (Ken)	1968
27:38,4	Lasse Viren (Fin)	1972
27:40,38	Lasse Viren (Fin)	1976

Marathon

Es werden keine offiziellen Rekorde geführt.

Olympiasieger

2:23:03,2	Emil Zàtopek (CS)	1952
2:25:00,0	Alain Mimoun (Fra)	1956
2:15:16,2	Abebe Bikila (Aet)	1960
2:12:11,2	Abebe Bikila (Aet)	1964
2:20:26,4	Mamo Wolde (Aet)	1968
2:12:19,8	FrankShorter(USA)	1972
2:09:55,0	Waldemar Cierpinski (DDR)	1976

110 m Hürden

Weltrekorde

15,0	Forrest Smithson (USA)	1908
14,4	Erik Wennström (Swe)	1930
13,7	Forrest Towns (USA)	1940
13,5	Richard Attlesey (USA)	1950
13,2	Martin Lauer (De)	1960
13,2	Lee Calhoun (USA)	
13,2	Earl McCullough (USA)	1970
13,2	Willie Davenport (USA)	

Olympiasieger

13,7	Harrison Dillard (USA)	1952
13,5	Lee Calhoun (USA)	1956
13,8	Lee Calhoun (USA)	1960
13,6	Hayes Jones (USA)	1964
13,3	Willie Davenport (USA)	1968
13,24	Rod Milburn (USA)	1972
13,30	Guy Drut (Fra)	1976

100 m Hürden Frauen

Bis 1968: 80 m Hürden

Weltrekorde 100 m Hürden

13,3	Karin Balzer (DDR)	1969
12,7	Karin Balzer (DDR)	1970
12,7	Teresa Sukniewicz (Pol)	

Olympiasiegerinnen

10,9	Shirley Strickland (Aus)	1952 80 m H.
10,7	Shirley Delahunty (Aus)	1956
10,8	Irina Press (SU)	1960
10,5	Karin Balzer (DDR)	1964
10,3	Mareen Caird (Aus)	1968
12,59	Annelie Ehrhardt (DDR)	1972 100 m H.
12,77	Johanna Schaller (DDR)	1976

400 m Hürden Männer

Weltrekorde

55,0	Charles Bacon (USA)	1908
52,0	Morgan Taylor (USA)	1930
50,6	Glenn Hardin (USA)	1940
50,6	Glenn Hardin (USA)	1950
49,2	Glenn Davis (USA)	1960
48,12	David Hemery (GB)	1970

Olympiasieger

50,8	Charles Moore (USA)	1952
50,1	Glenn Davis (USA)	1956
49,3	Glenn Davis (USA)	1960
49,6	Warren Cawley (USA)	1964
48,1	David Hemery (GB)	1968
47,82	John Akii-Bua (Uga)	1972
47,64	Edwin Moses (USA)	1978

400 m Hürden Frauen

Weltrekorde

54,28	Karin Rossley (DDR)	1980

3000 m Frauen
Weltrekorde
8:27,12 Ludmila Bragina (SU) 1976

3000 m Steeple
Weltrekorde erst seit 1954
8:49,6 Sandor Rozsnyoi (Un) 1954
8:31,4 Zdzislaw Krzyszkowiak (Pol) 1960
8:22,0 Kerry O'Brien (Aus) 1970

Olympiasieger
8:45,4 Horace Ashenfelter (USA) 1952
8:41,2 Christopher Brasher (GB) 1956
8:34,2 Zdzislaw Krzyszkowiak (Pol) 1960
8:30,8 Gaston Roelants (Bel) 1964
8:51,0 Amos Biwott (Ken) 1968
8:23,6 Kipchoge Keino (Ken) 1972
8:08,02 Anders Gärderud (Swe) 1976

4 x 100 m Männer
Weltrekorde

42,3	De	1912
40,8	De	1930
39,8	USA	1940
39,8	USA	1950
39,5	USA	1960
39,5	De	
38,2	USA	1970

Olympiasieger

40,1	USA	1952
39,5	USA	1956
39,5	De	1960
39,0	USA	1964
38,2	USA	1968
38,19	USA	1972
38,33	USA	1976

4 x 100 m Frauen
Weltrekorde

53,2	CS	1922
48,4	Kan	1930
46,4	De	1940
46,4	De	1950
44,4	USA	1960
42,8	USA	1970

Olympiasiegerinnen

45,9	USA	1952
44,5	Aus	1956
44,5	USA	1960
43,6	Pol	1964
42,8	USA	1968
42,81	De	1972
42,55	DDR	1976

4 x 400 m Männer
Weltrekorde

3:16,6	USA	1912
3:14,2	USA	1930
3:08,2	USA	1940
3:03,9	Jam	1950
3:02,2	USA	1960
2:56,1	USA	1970

Olympiasieger

3:03,9	Jam	1952
3:04,7	USA	1956
3:02,2	USA	1960
3:00,7	USA	1964
2:56,1	USA	1968
2:59,83	Ken	1972
2:58,65	USA	1976

4 x 400 m Frauen
Weltrekorde

3:30,8	GB	1970
3:30,8	Fra	

Olympiasiegerinnen

3:22,95	DDR	1972
3:19,23	DDR	1976

20 km Gehen

Weltrekorde

1:39:22,0	Niels Petersen (Dän)	1918 (Straße)
1:36:34,4	Armando Valente (Ita)	1930
1:32:28,4	John Mikaelsson (Swe)	1950
1:27:05,0	Wladimir Golubnitschi (SU)	1960
1:25:50,0	Peter Frenkel (DDR)	1970

Olympiasieger

1:31:27,4	Leonid Spirin (SU)	1956
1:34:07,2	Wladimir Golubnitschi (SU)	1960
1:29:34,0	Kenneth Matthews (GB)	1964
1:33:58,4	Wladimir Golubnitschi (SU)	1968
1:26:42,4	Peter Frenkel (DDR)	1972
1:24:40,6	Daniel Bautista (Mex)	1976

50 km Gehen

Weltrekorde

4:34:03,0	Paul Sievert (De)	1924 (Straße)
4:16:08,6	Sergej Lobastov (SU)	1960
4:08:05,0	Christoph Höhne (DDR)	1970

Olympiasieger

4:28:07,8	Giuseppe Dordoni (Ita)	1952
4:30:42,8	Norman Read (N/Z)	1956
4:25:30,0	Donald Thompson (GB)	1960
4:11:12,4	Abdon Pamich (Ita)	1964
4:20:13,6	Christoph Höhne (DDR)	1968
3:56:11,6	Bernd Kannenberg (De)	1972
	nicht ausgetragen	1976

Weitsprung Männer

Weltrekorde

7,61	Peter O'Connor (Irl)	1901
7,93	Silvio Cator (Hai)	1930
8,13	Jesse Owens (USA)	1940
8,13	Jesse Owens (USA)	1950
8,21	Ralph Boston (USA)	1960
8,90	Robert Beamon (USA)	1970

Olympiasieger

7,57	Jerome Biffle (USA)	1952
7,83	Gregory Bell (USA)	1956
8,12	Ralph Boston (USA)	1960
8,07	Lynn Davies (GB)	1964
8,90	Robert Beamon (USA)	1968
8,24	Randy Williams (USA)	1972
8,35	Arnie Robinson (USA)	1976

Weitsprung Frauen

Weltrekorde

5,16	Marie Mejzlikova (CS)	1922
5,98	Kinue Hitomi (Jap)	1930
6,12	Christl Schulz (De)	1940
6,25	Francina Blankers (Ned)	1950
6,40	Hildrun Claus (De)	1960
6,84	Heide Rosendahl (De)	1970

Olympiasiegerinnen

6,24	Yvette Williams (N/Z)	1952
6,35	Elzbieta Krzesinska (Pol)	1956
6,37	Vera Krepkina (SU)	1960
6,76	Mary Rand (GB)	1964
6,82	Viorica Viscopoleanu (Rum)	1968
6,78	Heide Rosendahl (De)	1972
6,72	Angela Voigt (DDR)	1976

Dreisprung

Weltrekorde

15,52	Daniel Ahearn (USA)	1911
15,53	Archibald Winter (Aus)	1930
16,00	Naoto Tajima (Jap)	1940

16,00	Adhemar Ferreira Da Silva (Bra)	1950
17,03	Jozef Schmidt (Pol)	1960
17,39	Viktor Sanejew (SU)	1970

Olympiasieger

16,22	Adhemar F. Da Silva (Bra)	1952
16,35	Adhemar F. Da Silva (Bra)	1956
16,81	Jozef Schmidt (Pol)	1960
16,85	Jozef Schmidt (Pol)	1964
17,39	Viktor Sanejew (SU)	1968
17,35	Viktor Sanejew (SU)	1972
17,29	Viktor Sanejew (SU)	1976

Hochsprung Männer

Weltrekorde

2,01	George Horine (USA)	1912
2,03	Harold Osborn (USA)	1930
2,09	Melvin Walker (USA)	1940
2,11	Lester Steers (USA)	1950
2,22	John Thomas (USA)	1960
2,28	Waleri Brumel (SU)	1970

Olympiasieger

2,04	Walter Davis (USA)	1952
2,12	Charles Dumas (USA)	1956
2,16	Robert Schawlakadse (SU)	1960
2,18	Waleri Brumel (SU)	1964
2,24	Richard Fosbury (USA)	1968
2,23	Juri Tarmak (SU)	1972
2,25	Jacek Wszola (Pol)	1976

Hochsprung Frauen

Weltrekorde

1,46	Nancy Voorhees (USA)	1922
1,60	Carolina Gisolf (Ned)	1930
1,66	Dorothy Odam (GB)	1940
1,71	Francina Blankers (Ned)	1950
1,86	Jolanda Balas (Rum)	1960
1,91	Jolanda Balas (Rum)	1970

Olympiasiegerinnen

1,67	Esther Brand (SA)	1952
1,76	Mildred McDaniel (USA)	1956
1,85	Jolanda Balas (Rum)	1960
1,90	Jolanda Balas (Rum)	1964
1,82	Miloslava Rezkova (CS)	1968
1,92	Ulrike Meyfarth (De)	1972
1,93	Rosemarie Ackermann (DDR)	1976

Stabhochsprung

Weltrekorde

4,02	Marcus Wright (USA)	1912
4,30	Lee Barnes (USA)	1930
4,60	Cornelius Warmerdam (USA)	1940
4,77	Cornelius Warmerdam (USA)	1950
4,80	Don Bragg (USA)	1960
5,49	Christos Papanicolaou (Gri)	1970

Olympiasieger

4,55	Robert Richards (USA)	1952
4,56	Robert Richards (USA)	1956
4,70	Donald Bragg (USA)	1960
5,10	Fred Hansen (USA)	1964
5,40	Robert Seagren (USA)	1968
5,50	Wolfgang Nordwig (DDR)	1972
5,50	Tadeusz Slusarski (Pol)	1976

Kugelstoß Männer

Weltrekorde

15,54	Ralph Rose (USA)	1909
16,04	Emil Hirschfeld (De)	1930
17,40	Jack Torrance (USA)	1940
17.95	James Fuchs (USA)	1950
20,06	William Nieder (USA)	1960
21,78	Randy Matson (USA)	1970

Olympiasieger

17,41	Parry O'Brien (USA)	1952
18,57	Parry O'Brien (USA)	1956
19,68	William Nieder (USA)	1960

20,33	Dallas Long (USA)	1964
20,54	Randel Matson (USA)	1968
21,18	Wladyslaw Komar (Pol)	1972
21,05	Udo Beyer (DDR)	1976

Kugelstoß Frauen

Weltrekorde

10,15	Violette Morris (Fra)	1924
12,85	Grete Heublein (De)	1930
14,38	Gisela Mauermayer (De)	1940
15,02	Anna Andrejewa (SU)	1950
17,78	Tamara Press (SU)	1960
20,43	Nadeshda Tschishowa (SU)	1970

Olympiasiegerinnen

15,28	Galina Zybina (SU)	1952
16,59	Tamara Tyschkewitsch (SU)	1956
17,32	Tamara Press (SU)	1960
18,14	Tamara Press (SU)	1964
19,61	Margitta Gummel (DDR)	1968
21,03	Nadeshda Tschishowa (SU)	1972
21,16	Jwanka Christowa (Bul)	1976

Diskuswurf Männer

Weltrekorde

47,58	James Duncan (USA)	1912
51,73	Paul Jessup (USA)	1930
53,10	Willi Schröder (De)	1940
56,97	Fortune Gordien (USA)	1950
59,91	Rink Babka (USA)	1960
68,40	Jay Silvester (USA)	1970

Olympiasieger

55,03	Sim Iness (USA)	1952
56,36	Alfred Oerter (USA)	1956
59,18	Alfred Oerter (USA)	1960
61,00	Alfred Oerter (USA)	1964
64,78	Alfred Oerter (USA)	1968
64,40	Ludvik Danek (CS)	1972
67,50	Mac Wilkins (USA)	1976

Diskuswurf Frauen

Weltrekorde

27,39	Yvonne Tembourte (Fra)	1923
39,62	Halina Konopacka (Pol)	1930
48,31	Gisela Mauermayer (De)	1940
53,25	Nina Dumbadse (SU)	1950
57,15	Tamara Press (SU)	1960
63,96	Liesel Westermann (De)	1970

Olympiasiegerinnen

51,42	Nina Romaschkowa (SU)	1952
53,69	Olga Fikotovà (CS)	1956
55,10	Nina Ponomarewa (SU)	1960
57,27	Tamara Press (SU)	1964
58,28	Lia Manoliu (Rum)	1968
66,62	Faina Melnik (SU)	1972
69,00	Evelin Schlaak (DDR)	1976

Speerwurf Männer

Weltrekorde

62,32	Erik Lemming (Swe)	1912
72,93	Matti Järvinen (Fin)	1930
78,70	Yrjö Nikkanen (Fin)	1940
78,70	Yrjö Nikkanen (Fin)	1950
86,04	Albert Cantello (USA)	1960
92,70	Jorma Kinnunen (Fin)	1970

Olympiasieger

73,78	Cyrus Young (USA)	1952
85,71	Egil Danielsen (Nor)	1956
84,64	Viktor Zybulenko (SU)	1960
82,66	Pauli Nevala (Fin)	1964
90,10	Janis Lusis (SU)	1968
90,48	Klaus Wolfermann (De)	1972
94,58	Miklos Nemeth (Un)	1976

Speerwurf Frauen

Weltrekorde

25,32	Bozena Sràmkovà (CS)	1922
40,27	Ellen Braumüller (De)	1930
46,74	Nan Gindele (USA)	1940
53,41	Natalia Smirnizkaja (SU)	1950
59,55	Elvira Osolina (SU)	1960
62,40	Jelena Gortschakowa (SU)	1970

Olympiasiegerinnen

50,47	Dana Zàtopkovà (CS)	1952
53,86	Jnese Jaunzeme (SU)	1956
55,98	Elvira Osolina (SU)	1960
60,54	Mihaela Penes (Rum)	1964
60,36	Angela Nemeth (Un)	1968
63,88	Ruth Fuchs (DDR)	1972
65,94	Ruth Fuchs (DDR)	1976

Hammerwurf

Weltrekorde

57,77	Patrick Ryan (USA)	1913
57,77	Patrick Ryan (USA)	1930
59,00	Erwin Blask (De)	1940
59,88	Imre Nemeth (Ung)	1950
70,33	Harold Connolly (USA)	1960
75,48	Anatoli Bondartschuk (SU)	1970

Olympiasieger

60,34	Jozef Csermàk (Un)	1952
63,19	Harold Connolly (USA)	1956
67,10	Wassili Rudenkow (SU)	1960
69,74	Romuald Klim (SU)	1964
73,36	Gyula Zsivòtzky (Un)	1968
75,50	Anatoli Bondartschuk (SU)	1972
77,52	Juri Sedych (SU)	1976

Zehnkampf

1. Tag: 100 m/Weit/Kugel/Hoch/400 m
2. Tag: 110 m H./Diskus/Stab/Speer/1500 m

Weltrekorde

damalige	heutige		
Wertung			
7481,69 P.	6270 P.	Aleksander Klumberg (Est)	1922
8255,475 P.	7036 P.	Akilles Järvinen (Fin)	1930
7900 P.	7421 P.	Glenn Morris (USA)	1940
8042 P.	7453 P.	Robert Mathias (USA)	1950
8683 P.	8063 P.	Rafer Johnson (USA)	1960
	8417 P.	William Toomey (USA)	1970

Olympiasieger

7887 P.	7731 P.	Robert Mathias (USA)	1952
7937 P.	7708 P.	Milton Campbell (USA)	1956
8392 P.	8001 P.	Rafer Johnson (USA)	1960
	7887 P.	Willi Holdorf (De)	1964
	8193 P.	William Toomey (USA)	1968
	8454 P.	Nikolai Awilow (SU)	1972
	8618 P.	Bruce Jenner (USA)	1976

Fünfkampf Frauen

Seit 1932 mit fünf Varianten von Disziplinen. 1980 gültige Regelung: 100 m H./Kugel/Hoch/Weit/800 m

Olympiasiegerinnen

5246 P.	Irina Press (SU)	1964
5098 P.	Ingrid Becker (De)	1968
4801 P.	Mary Peters (GB)	1972
		(neue Wertung)
4745 P.	Siegrun Siegl (DDR)	1976

Ab 1981 wird ein Siebenkampf ausgetragen:
1. Tag: 100 m Hürden/ Kugel/Hoch/200 m
2. Tag: Weit/Speer/800 m

Hallwag Taschenbücher

(Herbst 1980)

3 Unsere Vögel
4 Tiere in Feld und Wald
5 Unsere Bäume
6 Das kleine Anglerbuch
7 Schmetterlinge und Nachtfalter
8 Karte und Kompaß
9 Wetterkunde
10 Unsere Pilze
11 Lawinenkunde
14 Unsere Hunde
15 Baustilkunde
16 Chemie
18 Alpenblumen
19 Käfer und andere Insekten
20 Möbelstilkunde
22 Einführung in die Elektrotechnik
24 Wiesenblumen II
27 Waldblumen
28 Mikroskopieren
29 Unsere Sträucher
32 Besser fotografieren
33 Heilpflanzen
34 Tiere im Zoo
35 Moorpflanzen
36 Verkehrsflugzeuge
37 Tiere in Bach und Weiher
38 Zimmerpflanzen und ihre Pflege
41 Die Biene
42 Einführung in die Astronomie
45 Druckgraphik
49 Der Briefmarkensammler
53 Schiffe und Schiffahrt
54 Unsere Katzen
57 Muscheln am Meer
61 Kakteen
63 Die Welt der Sterne
64 Berufslexikon für Mädchen (Schweiz)
66 Berufslexikon für Knaben (Schweiz)
68 Schach für Anfänger
69 Das Atom als Energiequelle
70 Minerale und Gesteine
71 Geologie
74 Kleine Münzkunde
77 Einführung in das Porzellanmalen
78 Orchideen — Mein Hobby
81 Unser Gemüse- und Gewürzgarten